だいわ文庫

禅 心を休ませる練習

藤田一照

大和書房

リラックスして
読み進めるために、
まず、ため息をゆっくり3回
ついてください。
はい、どうぞ。
ハァーッ。

なるべく本気でやってくださいね。かといって、一生懸命がんばらないように気をつけて、丁寧《ていねい》に、ため息らしいため息をついてください。

もし、そういうことをやっているうちにあくびがしたくなったら、遠慮しないで大きなあくびをしてください。今のうちに、思う存分やっておいてくださいね。あくびが出てきたら、それはいいしるしです。

これは後の話にもつながってくるんですが、ため息やあくびのように、体の内側からの自然なもよおしで思わずやってしまうようなことを自覚的にやるのが、私のやっている「ほぐしのワーク」の特徴です。

なんとなくもよおしてきて、思わずため息をついちゃう、思わずあくびをしちゃう。そういう内なるもよおしにしたがって、体が思わずやっちゃうことというのは、たいていみっともないだとか、人前でやるのは無作法だというような言われ方で、出そうになっても出ないように抑えてしまう、我慢してしまうことが多いですよね。自然のもよおしを意思で抑圧するようにしつけられているんですね。

でも、それって果たしていいことなのかどうかというのは、もっと問うべきことじゃないかと思います。

はじめに

The less we do, the deeper we see.

やることが少なければ少ないほど、
より深いものが見えてくる。

これから私たちがやっていく学びには、この「やることをより少なく」ということが大切になってきます。

「不思《ふし》(人間の思惑《おもわく》を超えた自然)」を「不思」のままにしておく。
自由を妨げている頑《かたく》なな思い込みや先入観、価値観を手放す。
これこそが「私」だと固く握りしめているものを、ほどく。
ハートのしたいことを遮二無二《しゃにむに》コントロールするのを、やめる。
損得勘定、取引勘定で動くメンタリティを、棚上げする。
「次はあれをやらなきゃ、これをしなきゃ」とあくせく生きることから降りる。
「正しい」「間違っている」とか、「良い」「悪い」といった基準で比較しない。
取り戻せない過去を悔やまず、わからない未来のことを案じない。
「こうあったらいいな」という理想に、執着しない。
今、ここに「ある」ものからやってくる助けを、拒否しない。
感情や思考がダラダラと流れている日常に、一服入れる。

私たちはともすると、こういったことの逆をやりすぎてしまう傾向があるんです。それだと、不自然な無理やりをむなしく積み重ねるだけになって、体や心をおかしくしたり、痛めたりする、ということを、いろんな観点から見ていこうと思います。

自分の体のサイズには本当は合っていない服を我慢して着続けているせいで、あちこちが痛くなったり、自由に動けなくなったりしている。

私たちはその自覚がないまま、こうだったら、これがあったら、きっと幸せになれるだろうと思う何かを「一生懸命」に探し回る、ということをやっている。皮肉なことに、そのしんどい努力そのものが、幸せから遠ざかっていく結果を招いてしまうんです。妙なことに、そういうことが本当に起きてしまうものなんです。

で、「やっぱり、ああしておけばよかった」と思い直したり、「もっとどうにかしなければ」と気がすまなくなったり、「あの人が私を苦しめているんだ」とぐずったり、「何で私だけに、こんな苦しいことばかり起きるんだろう」と嘆いたり、

「しなくていい」あれやこれやに悩む人生に囚《とら》われてしまう。それをやっているかぎり、幸せにはなれません。

この本は、そういう「にっちもさっちもいかない状況」に立ち至っている人にとって少しは役に立つはずです。

いろいろな苦悩がわーっと自分のほうに寄り集まってきて、混乱したままもがいている「現実」を、きちんと「観る」稽古をしていく中で、幸せも苦しみも、どちらも「丁寧」に受けとる力を育てていこう、というのがこの本のねらいです。

不思議なことに、「地獄にだけは行きたくない」って逃げ回る人には、逆に地獄が現れてくるんです。嫌なことって、逃げると追っかけてくるんですよ。

でも、「地獄もウェルカムかな。そこでは何が起こるんだろう？」と、好奇心と探究心がある人のところには、地獄が現れてこないんです。これは面白い皮肉です。

だったら、どんなことが起きても、逃げずに、そこで全力を尽くそうとする。

思いがけない贈り物として、その都度、学んで成長していこうとする。そういうおおらかな、開いたハートで生きる「新しい人生態度」をインストールしてみよう、という提案です。

苦悩を一つひとつ消していくような、せせこましいマインドセットではなく、ポジティブもネガティブもひっくるめて、どんな一日であってもそれを自分にとっての「本日是最好日《ほんじつこれさいこうじつ》(Today is the best day.)」として生きていく、そういう柔軟性のあるダイナミックな人間になっていきませんか。

今、ここの自分に満ち足りることができずにじっとしていられないで、どこかに自分への不満からの気晴らしを求めて動きまわらないではいられない人と、無理やり我慢をしてそこにいるのではなく、本当に「現在」に安住して、くつろぐことができている人とでは、人生という同じ部屋の中にいても、当人のナマの体験としてはまったく違う部屋にいるということになります。

その人にとって体験される世界、人生の風景がまったく違うのです。

前者にとっては「あれも足りない、これもない」「あれがイヤ、これもイヤ」、一刻も早く逃げ出したくなるような部屋であるものが、後者にとっては「あれもある、これもある」「あれでいい、これでもいい」、この上なく風流で豊かな、くつろげる部屋なのです。

この本では、ブッダや禅の言葉を中心として、この前者から後者にシフトする道を、できるだけ鮮明に描こうとしています。

慣れ親しんだ常識から見れば、最初は「途方もないこと」のように感じられるかもしれません。でも最終的には、全面的に受けいれるしかない真実だと私は思っています。

毎日を「本日是最好日」として生きていけるようになる、仏教に学んだ革新的な考え方が、少しでも伝わればうれしいかぎりです。

藤田一照

禅 心を休ませる練習――もくじ

第1章

執着しない
人生の正体が明らかになれば、心は落ち着く

第2章

自分をひらく

思考の99％を支配する自我から抜ける

第3章

ひと呼吸おく
マインドフルでいられる心になるために

第4章

ただ坐る

坐禅する手前のオリエンテーション

第1章

執着しない

人生の正体が
明らかになれば、
心は落ち着く

一《いっ》切《さい》合《がっ》切《さい》に対する悩みは、否認から生まれる

人間が成長するためには、私たちが自分にかぶせている自己防衛のためのバリアーを外した、「ナマの現実」に直面、直接するということが最重要の条件になります。

私たちは日々、なんとなく周りで素晴らしいものだと噂《うわさ》されているものを「どうやったら手に入るだろうか」と、そういう発想のもとに、右往左往、じたばた、すったもんだをやっています。

そこではあれやこれやの出来事がいちいち「問題」になるのですが、そのあらゆる局面で、自分にとって気持ちの良い、都合の良い、快適で安全で安易な状況を作ろうとする。その反対の嫌な、都合の悪い、不快で不安で困難な状況を避けようとする、という傾向性が潜んでいます。

どんな生き物でも、不快な方向へはわざわざ近づいていかず、快適な方向を選んで近づいていきますよね。有機体を存続させるために、「快楽を求め、苦痛を避けようとする」行動原則が内蔵されているわけです。

私たちだって生物の一種ですから、そういう行動傾向が生得《しょうとく》のものとしてあるはずです。そのために、あらゆることをこの行動原則の枠内で処理しようとします。

ただ、人間はおそらく唯一、「言語による思考」をもつ厄介な生き物で、私たちの生活を支配しているこの生物学的行動原則には、「言語による思考」が副次的に生み出す人間独自の「現実を現実としてちゃんと受けとめない」という特徴が混入しています。それは言い換えると、「こうあってほしいという自分の都合に合わない事実は、自己防衛のために認めようとしない」ということです。これを否認(denial《ディナイアル》)といいます。

この「否認」のスタンス(構え・姿勢)は、程度の差こそあれ、私たちの思考や感情、態度、信念といったあらゆる行為に現れています。もっと正確にいえば、身《しん》・口《く》・意《い》の三業《さんごう》(体でやった行い、口で言った言葉、心で思った思考)の動機すべてが「否認」に根ざしています。このことに無自覚・無反省でいることが、現代の生きづらさとがっちりリンクしている、というのが私の言いたいことなのです。

かけがえのないこの〈生〉を本当の意味で楽しむためには、この「否認」の構えを外したところで初めて見えてくるもの、つまり「自分の人生がどんなベースの上に展開しているのか」というナマの事実に直面するところから始めなければならないし、それ抜きには人生の深まりとか成熟は起こり得ない、というのが私の考えです。

私たちがこれから始めようとしているのは、この密かな否認から、その対極にある受容の方向に向かって、スペクトルをゆっくりと横切っていくことです。スペクトルというのは、可視光線を分光器という装置に通したときに波長の長さに応じて現れる、さまざまな色が順に並んだ帯状のもののことです。

一方の端が完全否認で、もう一方の端が完全受容のスペクトルをイメージしてください。このスペクトルを横切っていくプロセスは、いうなれば、閉じていた窓を一つひとつ開けるようなものです。否認というのは、ありのままの事実が自分を脅《おびや》かさないようにと、窓をかたく閉ざして外を見ないようにしていることですから。

その過程においては、いろんな抵抗を経験するでしょうけれど、否認から受容へと移っていくにつれて、自分の枠組みに合うことしか受けいれないという硬い構えがだんだん緩んできて、「新しい経験」を内に取りいれられるようになってきます。

それまでのように、一つひとつの経験を意識的、無意識的に検閲《けんえつ》することがなくなり、いちいちああだこうだとケチやコメント、評価、判断、注文をつけ加えることが減り、より落ち着いた、静かでオープンな観点から、ものごとを知覚できるようになっていきます。

そうして、冷えていたハートがぬくもりを取り戻す、ということが起きてくるのです。窓を開けて、風通りが良くなったような気がすることでしょう。

でも注意しておかなくてはならないことは、こういうシフトは、実際には直線的にスムーズに進んでいくのではなく、行きつ戻りつしながら、展開していくということです。時には停滞や後退、逸脱といったことが起こります。どの位置においても、両方の端からの影響がおよんでいるということを念頭に置いてください。

徐々に内的な変容が起こり、以前よりも自分が受容的になり、ポジティブな感じが湧いてきたとします。それ自体は良い兆候ですが、そのことに気をよくしてそれを握り込んでしまい、自分勝手な意見をかたちづくって、「ここここそが涅槃《ねはん》(覚《さと》り)だ。自分はそれを得たのだ」といったような錯覚《さっかく》に陥ることがままあるのです。途上の体験でしかないものを、「ゴールに達した」と勘違いするんですね。
その場合しばしば、「他の人たちにはどうして自分が見ているのと同じ真理が見えないのだろう。ダメなやつらだな」といった人を見下す感情が、密かに、微妙にその人の言動に漂い始めます。これは警戒すべき赤信号だと思ったほうがいいです。

こういうふうに自分を特別視する傾向が修正されないまま固着してしまうと、せっかくそこまで来たのに、そこで停滞してしまうことになります。まだスペクトルの途中にいるのに、中途半端に開いたままそこで止まってしまうんです。

受容というのは、損得勘定抜きのものです。

あらゆるものがその中を自由に動くことを許す空間とか、きれいなものも汚いものも分け隔てなく受けいれる大海のような、無限の開《ひら》けですから、どのような状況であっても受容的で、判断をさしはさまないという境涯《きょうがい》です。だから意見や見解というものがないし、対立もないはずなんです。ですから損得勘定をしている間は、むしろ否認のほうへ向かっているといわなければなりません。

「私は悪くないのに」という思いから離れてみる

苦悩からの解放は、それから身を引くという逃げのプロセスからではなく、その逆の、あえて近づいていって、それにしっかり触れ、よく観て、深く理解するというプロセスからしか出てきません。それは、苦悩を作り出している元凶が他ならぬ自分自身だからです。

私たちの〈生〉はどういうベースの上に展開しているのか、これからさまざまな人生の実相について見ていきましょう。

その一つひとつが、例外や容赦《ようしゃ》というものがない厳粛な公理《こうり》であり、全面的に受けいれるしかない法則(ダルマ・法)といってもいいものです。

まず最初に取り上げるのは、「条件によってかたちづくられたすべてのものは、条件が変われば姿を変えていく」ということです。

仏教では「縁起《えんぎ》」といいますが、すべてのもの・ことは、数限りない条件が寄せ集められて、刻々にかたちづくられているものであって、それ自体で独立して成り立っているものはなにもありません。だから、絶対に変わらない不変なものなんかどこにもない、すべては一時的な「状態」である、という見方です。

私たちは普段、モノを「ある・ない」のどちらかで見ていますよね。そこから、正しいとか正しくないとか、きれいとか汚いとかが出てくるわけです。でも仏教では、この二元的な見方は「誤解に基づいた妄分別《もうふんべつ》」だとしています。

仏教的な見方では、すべてをプロセスの「相《そう》」、つまり「変化してやまない一時のすがた、あらわれ」として見ていきます。すべてを今の時点での「一時的状態」として見るのです。あらゆるものごとを変化の相のもとに見ていく、ということです。

あらゆるものが刻々に状態を変えていくというように、状態的に見ることを「正見《しょうけん》」といいます。そういう正見が日常の隅々にまで行きわたって、そのうえで考えたり、話したり、行動したり、というのが仏教的な生き方です。

すべてのことは、ひとつの無限大の、無常プロセスの状態の一部としてあるというのが縁起で、この縁起のネットワークの中には「私」も当然入っているわけです。この洞察が教えてくれることは、あらゆる苦悩は、私と無関係に外部からやってくるのではなく、どこまでも私との関係性の中で起きている、ということです。

私たちは普通、自分とは無関係にもともと客観的な世界というものがあって、生を享《う》けてその中に入ってみると、たまたま不幸にもそこは「娑婆《しゃば》」といわれる苦悩の多い、我慢を強いられる世界だった。そのために、苦しみや悩みというのは原因が外にあって、そのせいで自分の心に苦悩が起きるのだと思っています。日常的経験からすれば、どう考えても災難は外から自分に向かって「降りかかってくる」ようにしか思われないのです。

仏教が説いているのはそれとはまったく違ったパラダイム(枠組み)で、本当のところは、私たち自身が自らの心でそのような世界を作り出し、さらに自分の心で苦悩を生み出しているという「苦悩の縁起説」です。

つまり苦悩は、苦悩の縁起を知らない心が縁となって起きている。その縁起を悟れば苦悩が解消して、それから解放される、というのが仏教の教えです。

にもかかわらず、私たちはその方向に努力するのではなく、その反対方向のことを一生懸命にやっています。苦悩をなくそうとして、あれやこれやもがいたり、苦悩を忘れようとして享楽を追いかけることにばかり憂き身をやつしています。

いろんな逃避のかたちがありますが、苦悩にちゃんと目を向けるのではなく、自分の外側にある何か特定のものに「没入する」、「入れ込む」ということが共通しています。当人には自覚がないままそうやって自分をごまかしている。その逃避の努力を止めてしまうと嫌でも苦悩に目が向いてしまうので、ひたすらそれを続けているのです。

でも、いくら逃げても自分の影からは逃げられないように、「身から出たサビ」の苦悩からは逃げられません。

だから、あの手この手で苦悩から逃れようとしているその行為自体によって、逆に自分が苦悩に脅かされていないかどうか。そういうまなざしで普段の自分を一度見直してみることが重要です。

苦悩に背を向けるのではなく、いったん止まって落ち着いて、それをよく観て(止観《しかん》する)みれば、苦悩が本当は実体としては初めから存在していなかった、実は自分が作り出していたんだという、思ってもみなかった自覚が生まれます。

苦悩の源は向こう側にあるんじゃなくて、こっち、自分の側にある。外からやってくるのではなく、むしろ私が苦悩を生み出している張本人だった。この自覚だけが、いかなる苦悩であっても、それを完全に解消するのです。

目の前の問題をなくそうとする前に、まずは、そのいかにも問題のように見えている「問題の素性」の構造を理解することが先決です。やみくもにそれをなくそうとするのは、ブッダの言い方だと「水を必死でかき混ぜてバターにしようとする」ような、実現不可能な企てをしていることになります。

でも、みんな、そこにはなるべく向き合いたくないんですね。他のことはなんでも一生懸命やるんだけれど、「私自身が問題だ」ということだけには触れないでおきたいっていう、本人も自覚していない密かな思いがあるんです。それが「否認」に他なりません。

「思い通りにならないと嫌だ」という欲に操られない

人生は、自分の都合のいいように、完全にはコントロールできないものなんです。その事実から目をそむけようとすることのなんと無駄骨折りなことか。無理にコントロールしようとするその分だけ、苦しめられるんですシッダールタが菩提樹《ぼだいじゅ》の下で覚《さと》りを開き、ブッダとなって初めて行った説法は、「初転法輪《しょてんぼうりん》」と呼ばれています。「初めて法の輪を転じた」という意味です。

その中に、「生はドゥッカである。老いはドゥッカである。病いはドゥッカである。死はドゥッカである。愛する対象と別れることはドゥッカである。憎む対象に出会うことはドゥッカである。求めても得られないことはドゥッカである。五蘊《ごうん》(身体・感覚・概念・意志・認知)に執着することはドゥッカである」ということが書かれています。

ドゥッカ(パーリ語でdukkha)というのは通常、「苦」と漢訳され、苦しみや悩みだと理解されていますが、単なる苦しみよりはるかに広範囲の経験が含まれます。

苦しみ、喜び、悲しみ、怒り、さまざまな色合いで染められた経験の連鎖が織りなす、人生の悲喜劇のありさま全体のことをいうのだと私は理解しています。つまり、人生の中にドゥッカがその一部として含まれているのではなく、人生そのものが全体としてそういう哀切に満ちたものであるということです。

だから仏教は、ライフ・イズ・ストレスフル(人生はストレスに満ちている)、というところから出発します。

そして、「そういった思い通りにはならない人生の現実を、ありのまま受けいれて、生きているということの実相を掛け値なしに理解しなければならない」という遂行課題を挙げています。

私たちの多くは、こうなったら自分が幸せになるに違いないと信じ込んでいるある状況を、なんとか作り出そうとして、躍起になってもがいています。それが人生というものの送り方だと思い込んで。

それにもかかわらず、誰もが思うようにはいかず、挫折や失望を味わうだけに終始しているのが偽らざる現実でしょう。人生には常に不確定要素がつきまといますから、思い通りになんかならないのです。

そういう人生の事実に遭遇すると、私たちの中に、「快・不快・どちらでもない」という反応パターンが起こるのですが、それにどう対応するかで、苦しみに向かうか、幸せに向かうか、二通りに分かれていきます。そして、苦しみに向かう路線を作っているのが、貪《とん》・瞋《じん》・癡《ち》っていう心の状態なんだと仏教は考えます。

貪というのは、今ある状態は好ましいのだけどまだ何かが足りないから、その何かをもっと欲しいと思う心です。むさぼりの心ですね。

瞋というのは、今の状態には何か気に入らないものがあるので腹が立つ、だからそれを取り除きたいという心です。怒りとか憎しみの心です。

癡は、今起きていることに自覚がない状態のことです。愚かさの心です。

この説明からわかるように、貪・瞋・癡、いずれにしても現実を現実としてそのまま受けいれない心を表していることになります。

だから、どの心の状態でがんばっても、自分を満足させてくれる結果にはならなくて、必然的に苦しみという「問題」が生まれてくるのです。こういう苦しみの回路が私たちの内にいつのまにかでき上がっているんです。意図して起こしているというよりも、知らないうちに起こるようにできているんですね。

だから、これをそのまま放任していたら、苦しみが増加するほうへ行かざるを得ないので、いくら幸せになりたいと思ってがんばっても、その延長線上に幸せは絶対にないわけです。

ドゥッカは人生につきものの事実のことです。そして、ドゥッカに出合ったときに起こる反応パターンも、脳の配線がそうなっているので、変えようがないものです。でも、そこから先の回路はやり方次第で変えることができます。

貪・瞋・癡のいずれかで行動していることを知って、それを手放していく。貪・瞋・癡にのみ込まれたり、それを抑圧したりすることなく、不貪《ふとん》、不瞋《ふしん》、不癡《ふち》という新しい回路を作るということです。

思い通りにならない相手とか状況に遭遇すると、「この野郎」と怒りが湧いてきますよね。そのままだと怒りに自分の全体が巻き込まれて「売り言葉」「買い言葉」のようなことになって、さらに問題が大きくなってしまいます。

そういう道理をちゃんと自覚して、問題をなくすのではなく上手に制御することです。

転轍機《てんてつき》のポイントを切り替えるようにして、新しい路線を歩んでいく。そうやって、自分の中の貪・瞋・癡の反応パターンが不貪、不瞋、不癡パターンにシフトしたことを実感し、「ああ、こっちのほうがよっぽどラクだし楽しいや」ということを、体で味わうということが必要になってきます。

普通、私たちは幸せというのは、天からの贈り物のようなごくまれにしか起こらない特別なものと考えます。しかしそうではなく、幸せなのが当たり前、普通の状態になるような生き方を育てていく、というのが私たちに課せられた人生の課題だと思うのです。だって、そのために生まれてきたんじゃないですか。

「死」抜きの生をイメージするから苦しくなる

「死」について自分なりの決着がついていれば、今抱えているすべての問題について、これまでの対処法や取り組み方とは全然違うアプローチがあったんだ、とわかると思います。

ドゥッカの具体例としてブッダが挙げているのは「生・老・病・死」です。

私たちは、意味もなくこの世界に投げ出され、否が応でもこの世界からつまみ出されます。それに関しては、こちらの要求なんか全然聞いてくれない、そういう不条理が人生には厳然として存在すること、そしてそれが私たちにとって暗に意味していることを、果たしてどれほど知っているでしょうか？　あるいは、そもそも知ろうとしているでしょうか？

私たちは普通、自分の人生を「生」から始まって「死」で終わるという、いわば線分のイメージで考えています。そして私が生まれる前も、死んでからもこの世界は変わりなく存在し続けている。だいたいこういうふうに思っているんじゃないでしょうか。

線は点でできていますよね。点が動くとその軌跡が線になります。だから私たちは、「生」が最初の点で、「死」は最後の点、人生はその二つの点の間にだけあると思いがちですが、それは生の本当の姿を見誤っています。

現実には、「死」は線の終わりの点のところだけにあるのではなく、一つひとつの点の中にすでにある。生と死って紙の裏表みたいにひとつのもので、今この瞬間も、生と死は同時に存在しているんです。これが「生死一如《しょうじいちにょ》」という仏教の基本の考え方です。

私たちは生の側にいるかぎり、死の側は絶対に見えないんです。でも、死が無いわけじゃない。私たちは日々、「生きつつ死んでいる」のです。これは、考え方ではなく、事実です。

私たちの肉体を見れば、37兆個の細胞は常に、どこかで死に続けているのだから、生きつつ死んでいるというのは、生物学的にはそれほど神秘的な話ではありません。

私たちはこの瞬間も老いているし、一息一息、刻々死んでいるんです。だからこそ、次の瞬間、死ぬかもしれない。ある意味、私たちのいのちはいつも「余命一瞬」みたいなあり方をしているともいえます。

私たちは、そういう事実と直面しながら「生かされている」し、その地盤の上で個々それぞれユニークな意思・意欲を満たすために「生きている」。

いのちというのは、「生かされて、生きている」という能動と受動の絡み合いみたいなあり方をしているということです。

でも、私たちには死への恐怖とか、不可解さがあるために、生と死は表裏で同じひとつのいのちのあり方であるという考え方を遠ざけています。自分の生存の面だけに注目しているんですね。「生存呆《ぼ》け」とでもいえるかもしれません。

そうすることで、私たちは生死一如の現実との直面を避けているんですが、このむなしい抵抗が苦しみの土壌になっているのではないかと思うのです。

人生観の大きな要素となるのが死生観です。そして、死と生をどう見るかというのが死生観なのですが、私たちは「死」が抜けた「生観」だけになっています。で、死を忘れた生存観が土台になって、人生のヴィジョンも、幸せのヴィジョンも、自分のヴィジョンも出てくるわけです。そうなると「生かされて」というところがすっぽり抜けて、唯一、意思・意欲というモードで生きるだけになりますよね。

線分的な人生観の中で、その始めから終わりまでの時間を、なるべく幸せに過ごすためにがんばらなければならないと、人生がそういう「プロジェクト」みたいなものになるわけです。

食事に気を配り、運動を心掛け、医者の力も借りて長生きしようと努力する。あるいは、良いパートナーを見つける方法とか、定年後に備えてお金を貯める方法とか、いろいろな手を使って、なるべく快適な状況を作り出して、それをできるだけ長く維持しよう、と。

でも、仏教では、そういうふうに「死抜きの生」というイメージにしがみついて生きていくのはかなり大変だよ、ということを言うわけです。

苦しみや悩みという結果は、死を忘れた人生観を原因として出てきているのです。

結果を生み出している原因が、その人生観だとしたら、人生観を変えずに結果の苦しみや悩みだけをなんとかしようと思っても、確かに一時的な効果はあるかもしれないけれど、根本的な解決にはなりません。下手をすると、結果をもっと悪化させることになるのかもしれない。どうせ苦しみや悩みに取り組むんだったら、根元にある人生観、死生観から出直したほうがよくないですか、っていうことです。原因を変えずに、結果だけを変えようとするのは無理な話です。

正しい人生のヴィジョンをもつためには、「生きている」っていう生存の側面だけで人生を見ている人生観を再検討する必要があります。つまり、どうしても死を引き合いに出さないことには、その再検討の作業はできないのです。

死に対して間違った考えをもっている人が、正しい生のヴィジョンなんてもてるわけがありません。

私たちは、ロクに吟味もしていない前提のままで生きているものですから、感情も思考も混沌《こんとん》状態、混乱したままで生きている。生を裏支えしているものとしてきちんと死を自覚していないから、必然的に生もボヤーッとしているんじゃないかと思うのです。それでは、人生という招待されたパーティーが楽しめないんです。

たとえば、パーティーの招待状を受け取って、さあ思いっきり楽しむぞって張り切って会場に行ってみると、そこに顔を合わせたくない人がいたと想像してみてください。

その会場で、いろいろな人と次々に出会いながら楽しく談笑しているように見えても、実際、そこでのあなたの行動は、その会いたくない人にだけは絶対出くわさないようにという、涙ぐましい努力に彩られたものになります。

いつもその人のことを気にかけながら、ビクビクと回避行動を取っているのですから、パーティーを存分に、心置きなく楽しむことなどできませんよね。

これと同様に、人生というパーティー会場で、顔を合わせたくない人(出来事)をいくつも抱えながら生きているというのが私たちの実態なんじゃないでしょうか。老いとか病いとか死がその代表です。

仏教が勧めているのは、そういう人にもちゃんと会って話してみなさいっていうことです。会ったら仲直りできるかもしれないし、思ったよりいい人かもしれないし、そうしたら、その人も含めてパーティー全部が楽しめるようになるんです。

回避したいもの、否認したいものがあると、パーティーがフルに楽しめないのです。

希望は「あて」のはずれることばかりとあきらめる

「死」をナマで直接に体験できない私たちにとって、やはり「死」とは絶対わからないものです。それを無理やりにわかったつもりになるのではなく、「わからないことをわからないままにしておく能力」が必要だと思います。

死は生きている私たちにとって絶対にうかがい知れないものです。

私たちは未知なものを既知なものにすることで安心を得ようとしますが、残念なことにそのやり方は、死に関してはどうしても通用しません。

せいぜいできることといえば、それを見ないようにするか、一時的に忘れるか、迷信にしがみついて怖さを忘れるか——いずれにせよ、そういうごまかしが一切通用しないものが、人生の最後に誰にも例外なしで待っています。

医療技術の進歩とともに、私たちの寿命は確実に長くなっていて、最近は「人生100年時代」という言葉が、しばしば耳に入ってきます。しかし、この甘い言葉に騙《だま》されてしまうと、私たちは、「死が、いつ・どこで・どんなかたちで来るかは、まったくわからない」という人生の真実を忘れています。

「病上手に死に下手」「病下手に死に上手」という言葉があるように、いつも病気がちの人が、思いのほか長く生きることもあるし、まったく病気をしない元気な人が、突如、その人生を終えることもある。ちょっと振り返ってみれば、人生の長さを自分で決められないことは、容易にわかるにもかかわらず……。

死というのは、考えの領域を超えている出来事です。私たちが考えるのとはまったく関係なしに、死は、端的に、ただ起きます。死への向き合い方というものがあるとするなら、そのように私たちの側ではまったくどうしようもないものが死なのだと、わからないままでそれを受けいれる。死を怖がるばかりではなく、いつも足元にある死を勘定に入れて生きることこそが、大切だと思います。

そういう理解がまったく届かない死と直面しながら、当たり前のように生きているということ自体に驚異、畏怖《いふ》の念を感じつつ、日々生きるということです。それはビクビク怖がるのとは違います。いわば「末期《まつご》の眼」をもって生きることで、もっと徹底した生きるビジョンをもつことができるのではないかと思うのです。

禅の言葉に「脚下照顧《きゃっかしょうこ》」というものがあります。そのまま読めば、「足下をしっかり見なさいよ」という意味になって、「他に向かうことで覚《さと》りを求めるのではなく、自分の本性をよく見なさい」と、戒めに言われたりしますが、実は脚下にあるものとは、死なのです。

生きるということに意味を感じるのは、死がそこにあるからです。自分には決してわからない不可思議なものにいつも接している。しかも、その無としかいいようのない不可解なものが自分を呑み込む可能性にいつも晒《さら》されている。この死の自覚こそが、自己の実存にくっきりした輪郭を与えているわけです。

自身の人生から死を排除したかのごとく生きる、そこには不徹底な態度があるということです。中途半端、いい加減、ごまかし、そういう腰が引けた生き方は、自分が生きていることのかけがえのなさ、一度しかない今日の厳粛さ、今の一回性を大事にする態度を損ないます。

それは、今出会っている人との接し方、取り組んでいる仕事、あらゆる選択の局面でもつべき覚悟にも影響をおよぼしているんじゃないかと思うのです。

「末期の眼をもって生きる」というのは、今与えられたこの時間を最大限密度の濃いものにしていくということであり、自分にとって本当に値打ちのあるものを自覚する、ということです。

私たちはたぶん、本当に値打ちのないものに値打ちをつけ、本当に値打ちがあるものをないがしろにしている。『般若心経』に「顛倒夢想《てんどうむそう》」とあるように、妄想で逆立ちして生きているわけです。私たちの思考は、そういう顛倒っていう性質を帯びているのですが、私が死ぬっていう事実の前に生を置いてみる「末期の眼」が、顛倒夢想を見破る方法になるのではないでしょうか。

たとえば今日の午後自分が死ぬとして、死っていう鏡の前にいろんなものを置いてみる。死ぬときには何も持っていけない状況になって初めて、そこで輝くものと色あせるものとが出てくるわけです。

今まで後生大事にしていたものが急速に魅力を失ってゆくとか、大事なものの優先順位っていうのがよく見えてくるかもしれません。人生の密度を高めるには、この死の事実によって深く揺さぶられる経験がどうしても必要になります。

メメントモリ、日々死を想って(恐れてではなく)与えられた貴重な時間を全力で暮らしているうちに、そこはかとなく死に照らされて陰影を増す生の姿が感じられてくると思います。

瞑想法《めいそう》でも、今この息が人生最後の息だと思いつつ呼吸に集中する、という方法があります。それをやっていると、単なる考え方のレベルではなくて、情緒のレベルで死との距離がゼロに近くなっていきます。死との距離がゼロになれば、それはないのと同じになるじゃないですか。そうやって生きていることと死との距離をなくしていく稽古が、安心して死ぬための稽古になっていくのです。

それとは逆に、線分的な人生観の中で、身近な人の死を材料にして死を想像したり、自分の考えの枠になんとか当てはめて死を納得しようとあがいたりすれば、その分だけ苦しむことになります。

人は常に幸せを願いながら、正反対のことをしている

一日を全力で生き切った者だけに深く安らかな眠りが訪れるように、生を全力で生き切った者だけが、安らかに死に切ることができる。今を生き切れない人は、死ぬのも生殺しみたいになる。全《まった》き生があってこそ、全き死があるのです。

仏教は本当の自己としては「生まれもしないし、死にもしない（無生無死《むしょうむし》）」と教えています。そこからいえば、本当は無い死を恐れているのが私たちということになります。

私たちがモノを考えるときには、意識するしないにかかわらず、自分が存在していることを前提にしていますが、死はその自分がいなくなることを意味しているのですから、誰も死を体験できないんです。体験する主体ごとなくなるからです。

ある意味、私は死なない――世界ごと生まれてきて、世界ごと消えるので、死を体験する私は存在しないわけです。

だから、自分がいなくなったときのことを考えるなんて、生きているときには初めから無理なことなのです。何を考えても、それは私がいるという前提で考えているので、私がいないときのことを考えるというのはナンセンスですよね。それをまずきちんと押さえておきましょう。

私たちが死を取り上げて考えるとき、死をめぐるいろいろなことがごちゃごちゃになって混沌《こんとん》とした状態になっています。そこをいったん、ちゃんと整理する作業が必要だと思います。

自分はいったい、死の何に対してリアクションを起こしているのか。その「何に対して」というのを整理してみることです。

よく整理してみると、私たちは、死そのものというよりは、それまでのプロセスにかかわることを考えているのではないでしょうか。

死の周辺に付随していることを心配している。死ぬときに失うことになるものや、それに伴う痛みとかを想像して、不安になったり怖くなったりしているのだと思います。

でも安心してください。死ぬというのは、そんな不安や恐怖ぐるみの死なんです。その意味では、死というのは大いなる解放でもあるんです。悪いことばかりではありません。

「死ぬる時節には死ぬがよく候《そうろう》」と良寛《りょうかん》さんも言っています。それまでは、生を楽しんで生き切りましょう。

「生は生ぎり、死は死ぎり」という言葉があります。生と死は横並びで向かい合っているのではなく、生きているときは見渡すかぎり「生」であり、死ぬときは見渡すかぎり「死」であるという意味です。

誰もが死ぬときに後悔のないように生きることを欲しているのですが、未来を案じるというのは、想像の中に自分を投げ込んでいるということです。それは「ぎり」じゃない。仏教的にいうと、よそ見している、ということです。

私たちには、すでに起きてしまったことにこだわったり、まだ起きてないことを思い煩《わずら》う癖があるのですが、すると今を生きるための生命エネルギーがそっちのほうに取られてしまうんですね。

「生は生ぎり」というのは、せっかく生のために与えられているエネルギーを使って死を思い煩うような無駄なことはしないで、今ここで自分がなすべきことに、100％フルにエネルギーを使うようにしなさいっていうことです。

諸行が無常する人生は、小さな自分の思い通りにとうていコントロールできるものではありません。自分も諸行の一部なんですから。自分としてはもうお手上げ、全面降参して、起こってくることはなんであれ全部受けいれる、選《え》り好みせずにみんなありがたくいただく、すべてのものがあるようにあることを受けとめる、そういう受容の態度が大事です。

禅の言葉に「生也全機現《せいやぜんきげん》、死也全機現《しやぜんきげん》」というものがあります。現はあらわれ、機は働きのことで、生も死も、宇宙すべての働きの現れである。あれもこれも、宇宙全体の表現としてある、というんです。

春になるといろんな芽が出て、花が咲きますが、それは宇宙全体が咲かせているからこそです。宇宙の中のどれか一つでも反対したら、花は咲かないんです。宇宙全体がその花を肯定し、存在に賛成しているということです。

私たちのいのちもそれと同じで、生かされているってことは許されているということです。そう受けとめないといけませんね。そういう厳粛な事実に対して、さんざんいい加減に生きてきておいて、死ぬときだけ100点満点を期待するなんてできないですよ。

人は生きたようにしか死ねないんだと私は思います。日中を全力で生き切った人だけが夜安らかな眠りにつけるように、与えられた生を全力で生き切る人だけが、安らかに死に切ることができるのです。

生きているのに死を思い煩う、というのは全生《ぜんせい》ではない。中途半端、半死半生《はんしはんせい》で生きているということです。

この「今」だって、同じ川は二度と渡れないように、この瞬間も、「今ぎり」で生まれては消えているんです。そういう濃密な「今」を、私たちは生きていることを忘れてはいけません。

「ないもの探し」をやめても、心配事は起こらない

人間って、常に忙しくいろいろなものを求めていますよね。学歴、能力、お金、恋人、地位、名声……対象は人それぞれ違うでしょうけれど、どのような称賛の中にあっても、所有によっては、生きることの真の喜びは味わえないのです。

善《よ》く生きる態度を考えていく一つの切り口として、何かをより豊かに占有することを志向して生きるあり方と、自己としてより豊かに存在することを志向して生きるあり方、というペア(対)になったコンセプトがあります。

お金とか友だちとか物質的なものにかぎらず、もっと抽象的な能力や知識、地位、称賛、美貌や若さまで含めて、それがあったらきっと幸せになれるだろうと思うものを、自分の所有物として占有したい、そういう「物足りようの思い」を追求することを最優先事項にして生きようとする生き方があります。

こういう人生態度の人というのは、富や名声によって自分の周りに人を惹き付けて孤立感を埋めるために、あるいは自分よりモノをたくさん持っていそうな人に対する嫉妬《しっと》や劣等感に苛《さいな》まれないために、生きている以上どうしても避けることのできない老・病・死といった嫌な出来事から逃げるために、所有物で自分をディフェンスすることが最大の関心事になっています。彼らのまなざしは、自らの「存在」ではなく、ひたすら「所有」へと注がれています。

そして、どれほど恵まれた肉体を持っても、どれほど快楽に満ちた生活を送っても、どれほど華やかな環境に住んでいても、これでいいという際限がありません。もっと、もっとと、どこまでも満足感を追求するしかありません。

何かを得ても、喉の渇いた人が塩水を飲んだように、もっと欲しがる。持てば持つほど、「まだ十分に持てていない」「まだ足りない」という空虚感が増すために、もっとたくさん持たないと気がすまなくなってくる。物足りなさを埋め合わせてくれるような興奮する体験を次から次へと求めてしまう。これが貪《むさぼ》り、執着というものです。「所有」への執着があるから、「まだまだダメだ」「もっとどうにかしなければ」と際限がなくなるわけです。所有の依存症状態ですね。

でも、そういう狂おしいまでの所有の努力も、死によって全否定されるということを、そして、いかに量的にたくさん所有していたとしても、それとはまったく質の違う、いかに豊かに、意味深く存在しているかという実存的な問題の解決とは関係がないということを、私たちはよくよく心に留めておかなければなりません。

死は、今まで自分が所有していたもの——性別、年齢、学歴、職業、年収など

「私とは、私が所有するもののことである」と豪語してきたことが一切意味をなさなくなる出来事です。全部はぎ取られ、何も所有していない丸裸の自分にされるんです。

所有したもので自分をディフェンスするような生き方をしている人にとって、それは当然、怖いし、そんなことは考えたくない。でも、そのことを真面目に受けとることによって初めて、それまで目を奪われていた「所有」の次元ではない、私の「存在」の次元に気づくことができるのです。あるいは「存在そのものの質」という問題と深くかかわることができるようになります。

普段は〈私〉が存在しているという生命地盤を忘れていて、他の人と自分とのいろいろな兼ね合いとか、あの人がこう言ったことで私は傷ついたとか、個々の心配事とかに気を取られているわけです。

それに対して、〈私〉の死ということを意識したときに初めて、人生のそういう内容ではなく、自分が現に存在している、という最も基本的な事実に思いいたるのです。私たちに起こることの中で、その他のことは全部、誰か代わりの人にやってもらうことができるかもしれないけれど、存在することだけは代わってもらえない。この事実に目覚めて、驚くことから、宗教心が芽生えてきます。

他との兼ね合いの世界の中で年がら年中、「自分にはあれがない、これがない」とぐずっているのは、この事実を忘却しているからです。そもそも私が存在していること、宇宙で唯一無二の〈私〉を生きていること、これをどう受けとめたらいいんだ、という観点からすべてを見直すようになる、というのが転換点になります。

生きている以上は病いも老いもある。最後に死ぬことに変わりはない。それは誰にも代わってもらえない。それでも〈私〉は、今ここにこうして在る。そういう、不思議な自己自身の存在に目覚めたときに、自分の人生をどういうふうに生きていくかということが課題として出てくるのです。そうすると、人生の眺めも変わってきます。何をどうやって所有するかというのはまったく違う問題意識です。

そもそも、所有しているものは多い少ないと比べることができますが、〈私〉の存在は比類なきものなのだから、他人と競争のしようもないし、比較によって上下や優劣なんて決められない。自分はただ自分であること、それでいいし、それ以外にはありえないという事実に気づくことです。

ここに眼が向けば、そんなにむやみに欲しがる必要がないと自然に納得できる。自ずと余計な執着が落ちていくのではないでしょうか。無理やり振り払おうとする必要はなく、自然に落ちていくのです。

不完全なものを時間をかけて完全なものにするような枠組みで考えるのではなく、今、すでにそこに完全なものが働いていて、それをなるべくそのまま迎え入れ、また素直にそれを表現できる道を探すようになっていくでしょう。

サーチライトを向ける方向が、所有物を探すために自分から外に向けるのではなく、自分のほうに向けて自己存在を照らしていく、そういうあり方に変わっていくはずです。これが「廻向返照《えこうへんしょう》」ということです。

どんな難問も、人生を学ぶワークにしていける

「Everything is workable.」絶対に変わらないものなんかどこにもないんです。どんな局面にあっても、それを困った問題だと見てしまうのと、ワークとして取り組んでいけるのとでは、人生の風景にえらい違いが出てきます。

どんなに大きな問題があっても、心配しなくていい。すべては必ずなんとかなる。自分の当初の思い通りではないかもしれないけれど、必ず変わっていきます。

どんな局面にあっても、それをプロブレム(problem)じゃなく、ワーク(work)にして取り組んでいける可能性がある。なぜなら、諸行無常、この世の真理として、起きたことはいずれ必ず過ぎ去っていくものだから、絶対になんとかなるんです。これまでも、なんとかなってきたんですから。

心配しなくても、必ずどうにかなるよって、諸行無常という真理がいつも応援してくれている。これはとても重要なことなので、ぜひ覚えておいてください。

この事実をちゃんと理解できているっていうのは、悩んでいても、それで話が終わりというわけではなく、そこからまた次の展開があることを知っているということですよね。だから、変な言い方だけれど、安心して悩むことができる。自分の中に立ち上がる悩みと、新しい関係のもち方ができるようになるのです。

同じ事態でも、それを困った問題だととらえて頭をかかえ、逃げ腰になるのではなく、自分を育ててくれる糧《かて》の詰まったワークなんだとみなして腰を入れて取り組んでいくとき、自分の持ち前の力がフルに発揮できるのだと思います。

だから、私たちが最初にすべきなのは、「すべてはワークできるし、すべてはワークにできる」ということを主体的に決めてしまう、ということです。

そうだと決めて生きるぞ、と腹をくくれば、その通りになります。というか、決めてしまわないかぎり、そういうふうにはならないんです。

私たちに絶対的に必要なのは、何が起きてもそれらすべてを自分のワークとして、誠実に取り組んでいこう、と主体的に決めてしまうこと。ここはとても大切なところです。

それと同時に、すべてをワークとして取り組んでいくためには、今目の前にあるものを選り好みせずに迎え入れる、しっかり受けとって生かしていくことが必要です。

エゴの都合に基づく取捨選択をやめて、自分と世界の現在を、純粋に、繊細に受信する。

そうやって自分と世界の現在を深く明瞭に理解できるようになると、それと同時に、ああ、これは本当に奇跡みたいなことが起きているんだなって、とにもかくにも生きていることがしみじみありがたく感じられるようになるんですね。

自分がこうやって生きていることは、本当に「有り難い」ことなんだと実感として理解できると、自ずから「ありがたい」という感謝の気持ちが湧いてくる。

今まで「ない、ない」と欠如感を通して見ていた同じ世界に、「すでにこんなに豊かに与えられてあったんだ」と気づかされるんですね。その事実をただありがたく受けとっていく。いいことも、悪いことも全部。

これこそ、最もピュアなワークのかたちだと思いますね。

第2章

自分をひらく

思考の99％を支配する自我から抜ける

自己を学びほぐすところに人生がある

私たちは普段、「私」と「世界」がそれぞれ別ものので分離した存在だと思っています。また、あらゆるものが、いかにもバラバラに存在しているよう知覚し、そのように思い、感じ、行動していますよね。いったい何がそうさせているのでしょう？

「仏道をならふといふは、自己をならふなり」

道元《どうげん》禅師は『正法眼蔵《しょうぼうげんぞう》』現成公案《げんじょうこうあん》の中でこんなことを書いています。

自己というのは、宇宙でたった一つしかない、比べるもののないユニーク（＝唯一無二）なこの〈私〉のことです。もっといえば、かけがえのないこの〈生〉ということでもあります。つまり「主体そのもの、私が今こうして生きている事実そのものから学ぶことこそが仏道ってもんだよ」と道元禅師はいうわけです。これは大いに参考にするべき態度だと思います。

私たちはこれから、この自己、そして〈生〉そのものを掘り下げて見ていこうと思うのですが、まず押さえておいてほしいポイントは、仏教がいう自己というのは、周りから切り離されて単独で存在しているような閉じたあり方ではなく、周りと交流しながら開かれたあり方で存在しているということです。

つまり、あらゆるものがお互いにつながりあいながら、相互的連関性の中で生成、変化しているということです。というよりも、そうした相互連関性の総体こそが、実は自己なんです。そこには、自己と自己でないものを分けるカチッとした境界線は見当たりません。見渡すかぎり自己の風景だということです。

一方で、普段の私たちには、なにか固く凝集したような塊《かたまり》として感じられる「私」と呼ばれているものが中心にあって、その周りにバラバラのかたちで存在しているすべてのもの（人や物、状況、環境）をコントロールしようとしている、という眺めがあります。世界の中にポツンといる自分、という感じです。私たちはそれが当たり前だと思っていますが、この「自分」だとして握りしめている「私」も、「私と私以外のもの」という区別も、仏教的には謬見《びゅうけん》、つまり間違った見解です。

その自分の正体をよく見てみると、そういう自分という意識があるだけで、事実としては、そんな「私」が実体としてころっとあるのではないのです。事実はどうなっているかというと、道元禅師は「尽一切自己《じんいっさいじこ》」という言葉で表現しています。〈私〉の本当のあり方って、「私はここまでです。ここから先は私ではありません」みたいな線引きができないものなんです。なにか一つのことが今ここに現れるためには、それがどんな小さなことであっても、宇宙全部が関係しているんです。ことごとく一切のものを内容とする、つまり尽一切を内容とする自己であるのです。

本来、すべては「一つにつながっている」はずなのに、私たちには、本当はつけることができない区別をつけようとする強い傾向性、癖、パターンがなぜかあります。自分の周りに壁を作って、その内と外を明確にし、内側を自、外側を他と呼んで峻別《しゅんべつ》するのです。

境界をもつ閉じた存在として自分を意識する。こういう内へと閉じたあり方が、「自我」と呼ばれるものです。それは、たとえていえば、硬い殻に包まれたクルミのようなイメージです。苦痛や無常の現実との出会いから自分を守るために硬い殻を周りにまとっているんです。しかしそれは同時に、外部との生き生きした交流を妨げる重い鎧《よろい》となってもいるんですね。仏教において、自我は牢獄《ろうごく》なのです。

殻に守られた「私」というものが中心にあって、その周りに「私以外のもの」がバラバラに存在している。そして、こういう「世界」には、自分と同じように殻に守られた「私」と自らを呼ぶ他者がバラバラと無数に存在している。こういう眺めを「分離のヴィジョン」と私は呼んでいます。

私たちは、こういう分離の枠組みの中ですべてを理解し、処理してしまいます。それが本当に正しいのかどうか、じっくり吟味してみるという発想もなく、自分自身を重たくて硬い塊のようなものだと思い込んで生きてきているのです。

先ほど、「固く凝集したようなものとして感じられる」といいましたが、それは文字通り、身心の余計な緊張や力みとして、具体的に現れています。

私たちの一人ひとりがそういう過剰な緊張を抱えているのですが、それに対して目を向けて取り組むことに、意識的、無意識的に尻込みしている状態でいるわけです。その結果、そういう慢性的な緊張が、思考や感情、態度にも反映して、組織的に自分を防衛するように働いているんです。こういう防衛的な緊張が落ちる(手放される)のが、道元禅師がいう「身心脱落《しんじんだつらく》」なのだと思います。

「すべてを知っていても、自己の理解に欠ける者は、すべてにおいて欠けている」という言葉があります。自己を知らないと、どれほど多くの知識を手にしていたとしても、決定的に重要な何かを欠いているという、たいへん恐ろしい洞察です。

ですから、自分が味わっているあれやこれやの苦しみや悩みの本当の原因は、社会のせいだとか、あの人、この出来事、不運などのせいではなく、「決定的に重要な何か」、つまり自己の認識が間違っているところに由来しているのです。

この自己に対する無知を乗り越えることこそ、人生のうちに安らぎと喜びをもって生きていくために、避けては通れない課題だとまず合点することが大事なのです。

これからお話ししていくのは、まだ見ぬ理想の「私」を追いかけるのではなく、まずは今ここの自己をよく理解することから始めることで、あらゆる問題を解消しようというアプローチです。

私たちがまったく自覚しないままに、生きる土台にしてしまっている根本的な思い込みに対して問題意識をもつ。感じる、考えるといった行動の大前提にしてしまっていることを「再吟味する」という作業が、この章のねらいです。

自分の人生を実験場にして、私たちが不問に付している前提が本当にそうなのかどうかを確かめていく。そこからすべてが新しく始まっていくのです。

みんな、ちっぽけな「世界」に没入している

世界がどういうふうに見えているかというのは、「私」がどういう態度で、世界に立ち会っているかということと無関係ではありません。心と、心が経験している世界はセットになっているんです。

私たちは基本的に、いいことも悪いこともすべて、自分に向かって降りかかってくるように見える構えの中で生きています。

これは、自分が中心にいて動かず、宇宙が、つまり自分以外のすべてが自分の周りを回っているという天動説的な世界観です。

事実としては地球のほうが太陽の周りを回っている(地動説)にもかかわらず、経験的にはどう見ても太陽のほうが私たちの周りを回っていますよね。だから天動説のほうが経験に合っていると思ってしまうのと同じです。

この「中心にいる私とその周りの世界」という枠組みを前提として生きていると、自分と世界とが、主・客という対立軸によってとらえられ、「私」に向かって、「世界」からいろいろと困った出来事が降りかかってくるように感じられるのです。

そのため、なるべく外からの影響で「自分」が変わってしまわないように、周りにまとった殻をますます厚く、強くしていくわけです。こういうのが世に「自己の向上」とか「改善」といわれているものです。アイデンティティとか自己の確立とかいわれるものもそうです。

でも、この方向に進めば進むほど、分離の度合いが深まっていくことになります。自己の向上というのは、裏を返せば、自己満足の追求であり、すべての言動がそのテーマのもとに展開していくわけですから、人生全体が自分や他者との競争の様相を呈さざるを得ません。

もう一つ、この閉鎖システムから派生してくる問題は、現状維持のために周りを際限なく利用するということです。

「私」は、いつだって中心にいる主人公でありたがっている。いわゆる自己中心性です。この「私」の目線からすれば、あらゆることが全部、「私の物語」の舞台装置や登場人物になります。周りの人たちはみんな、「私」の観点から意味づけられた脇役になってしまうんです。

そして、できることなら、誰だってハッピーエンドのストーリーを生きたいわけですから、この「私」がどれぐらい周りに影響を与えて、「私」の都合のいいように振る舞うようコントロールできるかということが、人生の最重要課題となってしまうのです。

どうコントロールするかというと、「私」自体は絶対に変えずに、好きなものは手元に近づけて愛着し、嫌なものはできるだけ遠ざけ忌避《きひ》しようとします。

これをpush and pull(プッシュ・アンド・プル)といいます。そして、どうでもいいものは無視する(ignore、イグノアー)。これは仏教でいう「三つの毒(三毒《さんどく》)」の、むさぼり(pull)、いかり(push)、おろかさ(ignorance、イグノランス)に当たります。

それは取捨憎愛の世界で、必然的に喜んだり、落ち込んだりといったアップダウンの動揺が激しく、みんなその中で、なんとかうまくやっていこうと苦心惨憺《さんたん》しています。

「私」を変えないで、周りを変えようとする。そういう前提で生きると、そこには常に争いが展開されるわけです。たまたまそういうことが起きるんじゃなくて、こういう前提からは必ず出てきます。

さらに、どれほどいいものをプルしてゲットしても、いつかは失くすかもしれないという不安が同時に生まれます。同様に、嫌いなものをプッシュして遠ざけても、また襲いかかってくるかもしれないという不安が同時に生まれるのです。どちらにしても、短期的な幸せはあるかもしれないけれども、それは長続きしません。プルも苦しみになるし、プッシュも苦しみになる。必然的に不安が絶えないのです。

このように、私たちは本能的に、自分に都合の良いものは手に入れ、都合の悪いものは排除しようとする根深い性向をもっています。その中心にあるのが自我です。

こう言うと、自我というものがまずあって、それが取捨選択をしている、というように聞こえますが、本当は、そういう取捨選択の動きの中に、あたかも自我といえるようなものがあるかのように錯覚されているだけなのです。取捨選択それ自体が自我だといったほうがいい。

これがそもそも錯覚であるという自覚がないのが、「根本的な無明《むみょう》」と仏教でいわれている事態です。枝末の無明に対して、より根本的な深いレベルでの思い違いです。

この錯覚に基づいて、主観と客観、自と他、好と嫌、善と悪、是と非、損と得、愛と憎といった二なるもの(二元性)が、どんどん立ち現れてくる。その中で、私たちは「あれかこれか」という二元葛藤《かっとう》に巻き込まれ、ありとあらゆる問題を抱え込んで苦悩しているのです。

他人の「悪いところ探し」からいったん降りる

自己中心的にもっと良い人生にしたいと思う。自分がより多くの幸せを享受しようという構えで生きている。この「もがき」「あがき」が、善悪、愛憎、悲喜、快苦などさまざまな対立葛藤の世界を作り出している、そもそもの元凶です。

私たちは普段、「私」とそれを取り巻いている「世界」との間で、ごちゃごちゃとした悲劇とか、喜劇とか、ロマンスとか、いろんな物語が錯綜《さくそう》しながら展開していく、そういうのが「人生」だと思って生きています。

その前提のうえで、「これさえあれば幸せになれる(思い通りになる)はずだ。じゃあ、どうしたらこれが手に入るのか」というふうに考えが展開していきます。

そこでは常に、「私の物語」の中にあってはいけないあれやこれやの問題をなんとかしたいと思い、それができたとかできないとかで一喜一憂しながら右往左往して生きているのですが、「私という物語」そのものは手つかずのまま放っておかれています。

私たちはたいていの場合、よくない出来事が起きたとき、「私の物語」に対するお邪魔虫みたいな存在としてその問題を見てしまいます。英語でいえばproblemです。「私」にはなにも問題がないはず、問題があるのは外側のほう、だから外側をいじれば問題が消えるはずだ……という路線での思考に陥ってしまうんです。あいつさえいなければとか、この人がこうしてくれたらとか、これさえうまくいけば、というように。

これって、「私」をいじらないためのトリックですよね。「私」をそのままにしておいて、「私」の外側をいじる。いじるというのは操作する、こちらの都合のいいように変えようとする、という意味です。でも、問題を作り出しているのは、外側の誰かや何かじゃなくて、実は「私という物語」そのものなんですね。そこから生きる苦しみや悩みが生まれてくるわけです。

「私という物語」っていうのは、これまでの人生の中でずっと守ってきた「〜するべき」「〜してはいけない」といった刷り込みや、「〜をすれば〜になるはずだ」「〜しなければ〜できない」といった確信、「どうせ私なんか〜」といった拗《す》ねる気持ちなど、経験の積み重ねからくる極めて主観的なものです。

この主観というのは、主観—客観というように、主観が主観であるためには、そこにかならず客観が要請されます。客観があってこその主観なんです。

でも実は、そういう主観—客観というペアは、思考が作り出した錯覚だというのが仏教の洞察です。見かけだけで、本当は無い。あらゆる思考はどこまでいっても虚妄分別《こもうふんべつ》なのです。

主観―客観は、脳がいかにもあるかのように作り出している認知的錯覚の一つなんです。幻影が幻影を見ているようなもの。実体のない幻影なのに、リアルに二つ別々にあるように思えてしまうんですから、よほど巧《うま》くだまされているんでしょうね。高度な手品に引っかかっているようなものです。どう見ても、トリックなんかあるようには思えない。

私たちは、思考のベールがかぶさったまま見えている「世界」を現実だと思い込み、それに対してリアクションを起こして「すったもんだ」しているので、口を開けば、いつも不平不満ばかりです。

ああしてほしい、こうしてほしいという注文とか、あれがない、これがないという文句。不平不満に彩られた言葉、悪口しか出てきません。周りの人の「悪いところ探し」に神経をすり減らしています。

「私」がこうあるべき、こうするべきでないと思っていることに従わない人に否応なく注意が向いてしまうので、気が休まる暇がありません。

「私」はちゃんとしているし、がんばっている。こんなに自分を犠牲にして奮闘しているのに、と思えば思うほど、それに見合う「ありがとう」や「ごめんなさい」を相手に求めてしまうので、誰といてもハッピーになれません。

多くの場合、私たちはこうやって自分で自分の苦悩を増やしています。

仏教では、無明《むみょう》(惑《わく》)に覆われた識《しき》が主観とか客観のかたちをとって、その枠組みの中で目的や手段を考え出す、そしてそのようにして行為を選択していく、と説いています。これは私たちが普通に当たり前にやっていることですよね。でも、それは無明から生じた業《ごう》だというのです。惑は惑にとどまっていないで、業へと展開していくのです。

無明に覆われた識に思いが加わって、業として働くと、そこに苦が結果します。惑↓業業は現実への働きかけですから、苦という現実的な結果を生み出します。惑↓業

↓苦という縁起のプロセスですね。

そして、この苦に対して、また、識がリアクションを起こし、惑を深め、再び惑↓業↓苦↓惑↓……と、ぐるぐる途切れることなく連鎖が続いていきます。

この「悪因・悪果」の循環の中にずっととどまっていたいのなら話は別ですが、もううんざり、そこから出たいと思うのなら、なんとかしなくちゃなりませんね。自分がやっていることなんですから、自分でなんとかできるのです。

逆にいえば、なんとかできるのは自分しかいないのです。放っておいたら、今までの習慣で、ずっとそういうパターンを繰り返してしまうだけです。

業を作るとますます自己を縛ることになります。無縄《むじょう》無縛《むばく》のはずが、自縄自縛状態が深まっていくだけ。残念ながら、努力すればするほどその深みにはまるということになります。

仏教というのは、主観性を破って、主体性を取り戻すことの大切さを説いているのだと言えるくらい、一字違いのこの二つのことは、違うものだと思います。

仏教は「法に主客の二法はないけれども（法に二法なし）、妄心《もうじん》が捕えるもの（主）と捕えられるもの（客）の二つに自心を分けているだけなのだ」と言うんです。

その妄心というのは、私たちにとっては自分のことですから、結局、自分で自分を欺《あざむ》いているということになりますね。

誰のせいでもなく、自分のせいなんです。それを洞察するところに主体性への契機が生まれるんです。主観が外側の客観へ向かうのではなく、内側、つまり自分自身に光を向けるところから、主体性への動きが始まるのだと思います。「廻光返照《えこうへんしょう》」、外へ向かっていた光を内へめぐらせて、自分を照らす、ということです。主観が自分の無根拠性を否定するのではなく、受けいれ、それを引き受けるところから、初めて主体性が立ち上がるんです。

私たちは、分別的意思の思い通りになることが自由だと思っていますが、そうではないんです。それは自我の自由であって、乗り越えなければなりません。

仏教では法、ダルマにしたがうのが本当の自由ということになります。「仏のかたよりおこなはれて、これにしたがひもてゆく」と道元禅師は言います。

分別を破って本来の自己の声に従う、というのが本当の自由です。主観の自由が否定されるところに、自然《じねん》の道理に従うという主体の自由が成り立つんです。

自由の自は、自分の自ではなく、自然の自と読まなくてはなりません。無碍自在《むげじざい》というのは、そういうところにしか存在しえません。

主観の、自我の自由は、実際は、いたるところに妨げや障害、滞りを生み出して、不自由極まりないものです。ここを乗り越えないことには、「私」からの自由を楽しむことはできないのです。

かわいそうな「私」のままでは満たされることがない

すべての悩みは、その成り立ちそのものをよく見ることが大事です。恐れるより前に、まずその恐れの成り立ちをよく見るんです。問題は、ろくに吟味もしていない前提のままで、混乱して生きていないかということです。

〈私〉というあり方は、誰も自分の老・病・死を他人に代わってもらえない、唯一無二のユニークな存在であると同時に、誰もが他とのつながりの中で初めて、そのことを自覚できる。

なぜかはわからないけれど、いろいろな人や物とのつながりのおかげで、自分が今、こうしていられるという事実を振り返ってみれば、この不思議な自己の二重性が矛盾のまま実感できるはずです。しかし、ほとんどの人は自分が分離してあるかのように見誤っているために、「つながり」という側面を見失っています。

おそらく人間だけが、根も葉もない想像で病気になれる不思議な力をもっているんですが、この「分離のヴィジョン」のままでいると、目に見える点と点の間にある見えないサポートやヘルプが視野に入ってこないため、必ず孤独感というネガティブな感情を生み出す回路が生まれてきます。

自分の周りに自分ではないものが、バラバラに孤立して存在している。意識する、しないを問わず、そんなふうに「閉じた私」の視点で世界をとらえていれば当然、自分の殻を破ったら周りから攻撃されるんじゃないかと思って常に防御の姿勢を取ります。防御の裏側に何があるかというと、それは恐怖です。この防衛のためのバリアが自分を孤立させ、孤独感を生んでしまうのです。

この孤独感を忘れるために他人とつながろうとする試みの先にあるのは、共依存や馴《な》れ合いという傷の舐《な》め合いです。それでは相手を搾取《さくしゅ》することになり、孤独による苦しみをかえって増幅させることにしかなりません。恐怖に裏付けられたつながろうとする欲求が、皮肉にも「私」をさらに閉じた方向へ育ててしまうんです。

私たちはこういった不幸せで不安な状態で生きていて、その裏返しとして幸福と安楽を探し求めています。通常この探求は、所有物や知識の獲得、名誉や地位といった自己イメージの拡大、人間関係の構築といったことに向けられますが、この「閉じた私」の路線でいくら探しても、その望みは満たされません。

幸福と安楽をほしいと思う気持ちを生み出しているのは何かというと、幸福じゃない気持ち、安楽じゃない気持ちです。自分はまだじゅうぶん幸福でもないし、安楽でもない、そう思い込んでいるところから話が始まっているのです。

たとえば、愛されたいとか、評価されたい、優しくされたいというのは、今、自分は愛されていない、評価されていない、優しくされていないっていう現実認識があるからそういう気持ちが起きてくるわけです。

そうして愛や評価、優しさを得ることを目標として、それに向けて懸命に努力し、その結果として成功するとか失敗するといったことを繰り返すのです。

これ、本当は愛されたいと思いながら、結局は愛を否定するような求め方をしているんです。分離した状態になった途端に、全部それを拒否することになっているのですから、愛も承認も優しさもそもそも受けとれる余地がないのです。

私に愛をくれ、私を評価してくれ、私に優しくしてくれと他人に向かって要求しながら、少しも自分自身を開いていない、愛も承認も優しさも受けとれない状態でいれば、誰かを服従させてその気になることにしかなりません。

いくらそういう努力を積み重ねようとも、結局本人の心が晴れることはないし、むしろ「これだけやっても駄目なのか」と迷いが深くなるのがオチです。

そもそも「私」と「世界」が切り離されている感覚というのは、思考がでっちあげた錯覚に過ぎないんです。万物はつながりのネットワークの中にあり、その外には何一つ存在することはできません。

存在とは必ず「共在」であり、その中に、人間の苦しみや悲しみがあり、同時に、幸せや喜びもあるのです。自分勝手に都合良く、どちらか一つだけを手にすることはできないようになっているのです。

私たちが見ているのは、そういうナマの現実ではなくて、自分の心の投影だというのが仏教の根本的な立場です。希望的観測ですべてを見ているんです。

そのような世界は客観的な世界ではなく「自心所現の幻境」、つまり自分の心から立ち現れた幻のような世界に過ぎないのです。

だから自分で立ち上げた「世界」の中で、いくら愛情や承認が得られたとしても、それは、仏教的に言うと「夢」でしかないのです。

全部、虚妄、夢なのだから、その中で問題が解決したと思っても、それは夢の中だけの話です。いずれまた孤独感と欠乏感がやってきます。あるいはもっと頑《かたく》なになったり、ますます身動きの取れない境界を作ってしまうでしょう。

それは、夢の中で飯を食って、腹が減った、腹が減ったって言っているようなものです。夢の中でいくら水を飲んでも、実際の喉の渇きは癒やされません。

私たちはその幻を現実だと信じて、その上で問題をどうこうしようとしてしまう。でも、そのレベルでどんなに一生懸命がんばったところで、それでは問題の根っこには絶対に辿《たど》り着けないんです。

だから、仏教は「夢から出離《しゅつり》する道」をすすめているのです。夢から覚めれば、そもそも問題だといって大騒ぎしていた問題自体がなくなってしまうよ、って。

真心《しんじん》がある人は、他人との比較が気にならない

「調《ととの》う」というのは、無駄がないということです。心は調いたがっているのだから、余計なことをするのをやめればいいんです。あれこれ多くのことをする必要はないと思います。

私たちは生まれたときから自分を他人と比べることを、よってたかって叩きこまれますから、自分と比べて何かいいもの(富、美貌、能力、地位、収入、友人の数など、あらゆる種類のもの、こと)をよりたくさん持っている人を羨《うらや》んだり、嫉妬《しっと》したりしています。

逆に、そのことについて自分のほうが上なら、そこから優越感という感情が生まれてしまう。単なる区別に留まらないで価値づけてしまうのが、人間の悲しい性《さが》でもあります。

他人との比較で一喜一憂したり、自分で自分によくない評価を下して落ち込んだりするのは、自分で自分を見くびっている証拠です。でも実は、本当の自分っていうのは、自分の評定をはるかに超えているんです。

宇宙の中で独立無比に存在している、そのすごさをまったく思い描けずに、多くの人は浅はかな見方で自分を値踏みしているんですね。

仏教はよく「心を離れる」とか「無心」という表現を使うせいで、この妄《みだ》りに起こる心(妄心《もうじん》)を悪者扱いにして一方的に否定し、それを封じ込めることを教えているると誤解されるのですが、そうではありません。

そういう智慧《ちえ》のない、粗雑な抑圧では本当の解決にならないことは、私たち自身の経験に照らしてよくよく承知しておかなければなりません。

抑圧によって内に閉じ込められたエネルギーは、必ずどこかにはけ口を求め、いずれ別のかたちの問題となって噴出します。その妄心を止めようとする心も妄心に他ならないのです。

その止めようとする心もまた「止まる」には、本来の「真心《しんじん》」と呼ばれるもう一つの心を、措定《そてい》しなければならない。私たちが普通に「心」と呼んでいる心ひとつだけでは問題が片づかないのです。

ここで大事なのは、このもう一つの心を、どこか遠いところに探しにいく必要はないということです。なぜなら妄心と真心という二つの心は無関係に存在しているのではなく、真心が本《ほん》で妄心は末《まつ》という、密接な本末関係にあるからです。

妄心に対して真心は心源、すなわち妄心の本源であり、この二つの心はお互いに離れて存在しているのではありません。かといって一方は妄、他方は真というように、同じでもない。この不一不二《ふいつふに》の関係はよく「波と水の喩《たと》え」で表されます。

海に風が吹いて無数の波が現れては消えていく。それをちょっとイメージしてみてください。

妄心とは、浮沈を繰り返す、水面上の波のようなものです。私たちはこの波の形に注目して、それが高いとか低いとか、大きいとか小さいとか、強いとか弱いとか、美しいとか醜いとか、評価をつけているのです。

それに対して真心は、たとえどんなに波が荒れ狂おうとも、常に変わらず、そのままである水のようなものです。水にとっては、高いとか低いとか、大きいとか小さいとか、強いとか弱いとか、美しいとか醜いとか、そんなことは意味をなさないのです。

心はこういう二相になっている、というのが仏教の考え方です。「心の二相論」といいます。

妄心は心源(真心)の不覚によってそこから生じてくる。ある意味で、妄心は心源からさまよい出てきた心なのです。

心は波であると同時に水であるのに、ほとんどの人にはこの波立ちの姿しか見えておらず、その本質が水であるということがわかっていません。

水がさまざまな条件で刻々に変化している波という状態こそが自分の心だと見誤って、その心に惑わされ、一喜一憂し、混乱しているんです。

でも、波がどのような状態を取ろうとも、本来、私たちの心は水であることに変わりはないのです。心の内容物ではなくそれを生み出すプロセスに注意を移すといってもいいでしょう。

だから、私たちがすべきことは、自分を深く見つめて、波という形あるものの世界の直下に、水という形のない世界があるという真実に触れることです。

そういう建設的なつきあい方で、感覚を通して入ってくるさまざまな刺激に反応して妄りに動き、さざ波の立っている心が「止まる」のです。

妄心が納得して鎮《しず》まっていく。

どんな思考や感情がさざ波として湧き起こってこようとも、それに気づき、観察することによって、風が止み、波が収まって、そこに元の静かな海が見いだされる。

つまり、心が鎮まり調えられ、比較による悩みがおのずから消えることをねらっていくのです。

ホームレスでいるかぎり、ホッとできない

私たちは何がどう起ころうと「つながり」の地盤から落ちこぼれることは決してないし、それをどこか外側に求める必要もありません。なすべきことは安心してそこに落ち着き、くつろぐことだけ、そこに向かって深まっていくだけです。

どこにいても、誰といても、なんとなくよそよそしい感じがして、くつろげないでいる。他人行儀というか、安心して自分でいられる居場所がないと感じている人は多いんじゃないでしょうか。

この不安感というのは、前項の「波と水の喩え」でいえば、自分という存在を海から切り離された波として見てしまう、というバランスを欠いたあり方から生じているのだと思います。「生かされて生きている」という命の事実の後ろ半分の「生きている」ところしか見ていない。

波が立ち上がっているとき、その様子を上から見れば、波頭《はとう》の点しか見えないので、どの波もバラバラです。でも横から見る、すなわち一つ次元を上げて立体的にとらえると、一つの海という水が個々のユニークな波のすべてを作っていることがわかるでしょう。

波は、海を離れるなんてことはできないと同時に、海に支えられて、独自の高さや大きさを保っている。この二重構造のあり方を、私はよく存在の落ち着き場所、home(ホーム)と呼んでいますが、まずhomeありきという考えから出発した物の見方を喪失しているために、安心する心が見当たらない(homeless)という感覚を抱えてしまうのです。

「安心立命《あんじんりゅうみょう》」という言葉があります。心が安らかになって、いのちが立つという意味です。「立つ」という言葉には、「独立する」という意味と、「そのものの姿がはっきりあらわれる」という意味があります。

一人ひとりが、安らかに、はっきりあらわれることができる。独立できる。私たちはそういう存在の故郷、homeを求めているんじゃないでしょうか。

人間は、常に忙《せわ》しくいろいろなものを求めています。お金とか、恋人とか、地位や名声とか、対象は人によって違うでしょうが、そういう努力の裡《うち》で、ほんとうはhomeを探している、というところは共通しています。

でも、波が海から離れないように、本当は誰もhomeの外に存在するなんてことはできないんです。そもそも出発点というか前提そのものが間違っています。それが見えていないから、homeの代替物みたいなのを必死に求めてしまうんです。

当然、それは仮のhomeだから「安心立命」にはつながらない。それで、また別のhomeを探す旅に出てしまう。そうやって探せば探すほど、homeの喪失感というのがいや増していく……。探すこと自体が遠ざかることであるような、虚しいhome探しという悪循環に入ってしまうんです。

光を求めて歩いているつもりが、ますます闇を深めている。そういう無意味な循環から抜けるには、すでにhomeにいる、という考えへ切り替えるしかありません。

たとえば、念仏で唱えられる「南無阿弥陀仏《なむあみだぶつ》」の「南無」というのは、いのちに帰る、という意味になります。つまり、帰命《きみょう》。有限な波としての私が阿弥陀仏(無量光《むりょうこう》、無量寿《じゅ》、つまり無限)に南無しています、ということを口で唱えて思い出すのが念仏なんです。それを体でやるのが坐禅です。

坐禅は体でする念仏、念仏は口でする坐禅。坐禅や念仏を代表格とする、私たちの閉じたあり方を破る実践、ワークによって、自分の正体を発見していくことで、安心に戻っていくのです。

シンキング・マインドではなく、フィーリング・ハートを

「今はこちら岸（殻が閉じているような状態）にいるけど、向こう岸（オープンでつながっている状態）があるぞ」という展望と、「それはきっと困難なことかもしれないけど、必ず渡るぞ」という決意。この二つがなければ、どうしたって心配事はなくならないですよ。

仏教では此岸《しがん》・彼岸《ひがん》という喩《たと》えがあります。苦しみに満ちたこちら側の岸と、自由と安楽の世界である向こう岸という対比です。

こちら側の岸のあり方は根本的におかしい、ここで生きているかぎり孤独、絶望、混乱、不幸、恐怖……といったものから自由になることはできない、人生とはこれだけではないはずだと感じて、それとは対極的な向こう岸の存在をはっきりとしたヴィジョンとしてもつことを「正見《しょうけん》」といいます。

こちら側の岸では当たり前になっている分離、分断、騒々しさ、苦悩とはまったく異なる、つながり、連帯、静けさ、安楽という質をもった新しい生き方のヴィジョンです。

このヴィジョンがなければ、言葉にしても、行いにしても、考えにしても、損得勘定をするマインドから出てくるものになってしまい、どこまでも分離の状態を強化するだけになります。

自分と自分のものに対する執着から生まれてくる苦しみ、自分にとって都合の良い状況をなんとかして作ろうとする、駆り立てられるような衝動、先入観に彩られた意見を自分と同一視することからの束縛を受けないという自由を得ることはできないのです。

しかし、いかに素晴らしいヴィジョンをもっていても、それだけでは何も始まりません。「自分の生き方をそういう方向に転換していこう」という熱い思いが湧き上がらないことには、此岸から彼岸に向かって船をこぎだしてはいけないのです。

つながりというヴィジョンをもって、人生を歩んでいこう、と決意すること。彼岸へどうしても行きたいという願いに当たるものを「正思《しょうし》」といいますが、これはマインドではなくハートの問題です。

日本語ではどちらも「心」という同じ漢字で表記されますが、さいわい英語ではmind（マインド）とheart（ハート）というように区別される、二つの微妙に異なるコンセプトがあります。

思考というのはマインドが行う仕事です。ですから、シンキング・マインド

(thinking mind)とは言いますが、シンキング・ハートとは言いません。そういう組み合わせは英語的に変に感じられるからです。

日本語でいえばマインドはアタマで、ハートはココロですね。「温かいココロ」とは言いますが、「温かいアタマ」という表現はやっぱり変に感じられるところを見ると、日本語でもアタマとココロは区別されているのでしょう。

ハートは考えるのではなく感じる(feel)のです。

ですから、正思はシンキング・マインドではなく、フィーリング・ハートにかかわることだということになります。

もちろん、ハートだけがあっても実際に物事は動いていきません。ハートの願いを上手に実現する、うまい手段を考えるマネージャーのようなものが必要なんです。それがマインドの本来の役割です。

マインドは削除するべきものじゃなくて、うまく働かせるべきものなんです。

この違いを実感を伴って知ることが大切になってきます。

今まで自分がなにげなく言ってきたこと、やってきたことが分離を引き起こしていないか、一つひとつ見直していきましょう。

その結果、「つながり」の方向に変えていきたい、というハートの呼び声が聞こえてきたら、その場その場でできる範囲で少しずつ変えていく。

言葉にしても、行いにしても、考えにしても、自分を守るために使っていたのをすべて裏返していく。今度は、「つながり」の方向で使っていくんです。そうやって、生活の中にさまざまな形で噴出している分離の症状を癒やしていくのです。

これは、頭で考えてもリアルにはわからないと思います。だから、とにかくできると思って、可能なことからちょっとずつ手をつけてみる。うまくいかなかったら、そこで徹底的に考える。そういう苦労をしなくちゃ、何も始まらないし、変わっていかないですよ。そこは腹をくくらなくてはなりません。

すると次に見えてくるのは、「ああ、なんだ、私がわざわざがんばってつなげなくても、最初からつながっていたんじゃないか」っていうところなんです。「ない、ない」って探し回っていたものが、元々そこに、ちゃんと「ある」ことに気づいていく。

本来はつながっているのに、自分がそれをつながれないように壊してきたからしんどかったんだなって、だんだんわかってきます。

つながりのリアルさがどんどん鮮明になってくる。そうしたらもう、自分から積極的に働きかけてつなげようと努力しなくても、ごく自然につながりを楽しんで生きていけるようになっていくんです。

「かくかくしかじかで
あるべき」だけだと
気がつまる

私たちは「正解」を頭の中にいっぱい詰め込んで、それにしがみつくことで、自分を重たくて変化しないものにしてきてしまったわけです。でも、それをやっているかぎりは、水みたいにサラサラと流れるようには生きていけないですよ。

誰もかれも多かれ少なかれ、なかなか周囲と打ち解けられなかったり、うまく噛み合っている感じがしないなんてことはあるでしょう。

葛藤《かっとう》や対立の原因のほとんどは、「○○であるべき」「○○であるべからず」という「決めつけ、ジャッジメント」にあるといえます。

これがなさすぎると周りに同調しすぎてしまう、あるいは他人に振り回されてしまい、自分という存在が希薄になってしまうのですが、だからといって「○○すべき」「○○しなければならない」「○○をやらないと大変なことになる」というように、自分で勝手に設定している「縛り」が強すぎると、「こうあるべきなのに、そうではない」という、自分の期待値と現実が噛み合わず、ストレスを引き起こしてしまうわけです。

たとえば、「上司が自分のことを理解してくれない」と悩んでいるとしましょう。その場合、「上司というものは、部下のことを理解するべきだ」という基準で考えてしまっているため、理想と現実の間にズレが生じてしまっています。

「部下が言うことを聞かない」場合も、「部下は上司に従うものだ」と決めつけてしまっているために齟齬《そご》が生じるのです。

仕事とは、人づきあいとは、こうする「べき」「べからず」。夫なら、妻なら、こうある「べき」「べからず」。私たちは、こうした「べき」「べからず」に知らず知らずのうちに支配されているのですが、いつしかそう思い込んでしまった「気のせい」で、ちょっとした行き違い程度で相手との関係性が切れてしまう人がいます。

「あれはこうあるべきだ」「これはああするべきでない」を考えの基準にして生きてしまうと、「どうすれば〝いい〟のか」「どうすることが〝正しい〟のか」と、何事に対しても「○×」でしか考えられないばかりでなく、自分に課しているルールを他人にも課してしまいがちです。他人を裁いてしまうんですね。逆に他人に当てはめている評価枠で、自分も裁いてしまいます。

「思考」には現実にないものを、あたかもあるかのように現出させる不思議な機能がありますが、「私はちゃんとしている」と思っているから、×をつけたくなることばかり起こるように見えてしまう。周りが「ちゃんとしない人」だらけになるのです。

この「べき」「べからず」のルーツをたどると多くの場合、親のしつけであったり、学校でこう叱られたから、それを守らなくちゃいけないといった経験に行きつきます。そういったさまざまな外的要因によって、私たちは幼い頃から、固体のようにガッチリした理念のようなものを与えられて自分を律しているわけですが、実はその真偽なんて、かなり怪しいものでしょう。

「○○すべき」とか「○○をしておいたほうがいい」「○○をやらないと大変なことになる」というジャッジメントは、本来の自分を枠に閉じ込める不自由さがまとわりついた幻想なのです。

その幻想を幻想と知らず、それに操られて、自分がいかに正しい人間であるかということを、自分や周囲に向かって立証しようと、せっせと励んでいたりします。

あるいは、他人の「嫌だなあ」と感じる部分というのは、自分自身の中で抑圧している部分だったりします。やるべきことも終わっていないのに、頻繁に休憩をとったりお喋りをしたりする同僚に強い不快感を感じる場合、本当は「自分にはできないことを平気でできる人が羨《うらや》ましいだけだった」なんてこともあるものです。

まずは、自分自身の中にある勝手なこだわりを探し出してみましょう。日々、自分がどのような動機で、自分を表現しているか、を見直してみる必要があります。

そのとき初めて人は、これまでしてきた口で語ること、身で行うこと、心で思うことが、外側にある「べき」リスト、「べからず」リストに適合するように努力してきたことに気がつくでしょう。それが見つかったら、「本当はそうではないのかもしれない」と自分の土台を疑ってみるようにしてください。自分が前提としているものを相対化するっていうのが、大事なんです。

本当は、決まりきったパターンがあるのではなく、その都度、後にも先にも一回限りの状況の中で、つながりのヴィジョンに方向づけられた身《しん》・口《く》・意《い》の三業《さんごう》(身体的行為、言語表現、心意作用という三つの業)が、状況との親密な交流の中から フレッシュに生成されてくる。状況に対してオープンで創造的な応答として生まれてくる。そういうことが可能なあり方を知ると、心の中に、しだいにこんな言葉が増えていくはずです。

「してはいけない」が「してもいい」へ。

「しなければいけない」が「しなくてもいい」へ。

この開き直りが肩の力を抜き、周囲との関係をラクなものに変えていくのです。

尽くすことで解決しようとするから、よけい傷つく

ほとんどの人が幸せになるために、今がんばっているけど、そのがんばっている今が不幸せであれば、駄目なんです。そのがんばり自体が幸せと感じるようながんばりでないと、幸せでないがんばりをいくら積み重ねても意味がないのです。

人の顔色が気になって仕方ないことがしばしばありますよね。とくに、組織の中で動いていると、周りが自分をどう見ているか、を気にする人は少なくありません。

自分という存在を「世界」から独立した存在と見てしまう。「世界」を向こうに見てしまっていると、人間って「嫌われたらどうしよう」っていう恐怖を感じてしまうんですね。

この怖さをもっている人は、仲間外れにされないように、無能だと思われないように、無愛想な人だと思われないように、がんばって、我慢して「いい人でいよう」と努力します。自分を良く印象づけようといつも気を張っています。

他人に良く思ってもらうためだけに生きていれば、周りに迷惑をかけないように、困ったことがあっても、手伝ってと言えずに抱え込んでしまったり、自分を好きでいてほしいから、お願いされたことを全部引き受けてしまったり、「それは、やめてほしい」「もっと、こうしてほしい」って言葉をグッとのみこんだり。

人に尽くす、役に立つ、気が利く、媚《こ》びる、喜ばれるテクニックを苦労して身につけて、「いい人」のエキスパートになっていく。そんなふうに「他人中心に生きる」ことをしがちな人には、communication(コミュニケーション)がないといえます。

「co(コ)」というのは、自分のほうからだけじゃなく、向こうからも来なきゃいけない双方向的なものであるべきなのですが、それを恐れているから、あらゆる行為が一方的なものになっているんです。

で、こういう感覚をもって生きている人ほど、虫がいいことに、「見返り」を期待しているんですよね。私がこんなにがんばって、我慢していることを、「わかってほしい」「褒《ほ》めてほしい」。あなたのために、こんなにやってるんだから、「もっと認めて」「もっと大事にして」っていう欲求がある。

でも、思い通りにならないのが人生の実相なのだから、わかって「くれない」、褒めて「くれない」、大事にして「くれない」人がいずれ出てきて、苦しくなる。

こんなにしてあげている「のに」って、拗《す》ねて、いじけて、イライラして、意地悪になっていくんです。

欲求と敵意が分かちがたく結び付いている。これ、自分を開いているふりをして閉じている、っていうやつです。つながっている「かのように」生きているけど、実際はつながってはいない。

つながりに向かう行為って、何がなんでもつながらなきゃいけないんだっていうふうに力むんじゃなくて、おのずと、うながされるようにして、自分のできる行いをシェアする、というもっとリラックスした心で為《な》されるものです。

つながりを引き起こそうって力んじゃうと、それこそ分離の方向にむかってしまいますからね。がつがつむさぼった形で結果を求めると、かえって遠ざかっていくんです。

すべてがつながっているといっても、決して単一的な世界じゃないんです。むしろ一つひとつの存在の「個性」がきちんと尊重されていて、しかもつながっているっていう世界です。

全体とのつながりの中でお互いを尊重し合う自由があるからこそ、本来的な「自分」を表現できるわけです。この自由がなければ、「自分」なんか表現できないですよ。「いい人」という借り物の自分を表現するだけになってしまいます。

世界はそういうふうになっているんだから、自分の行為によって相手がどう思おうと、それは仕方がないんです。

関係が良くなるかもしれないし、変わらないかもしれない。もしかしたら悪くなるかもしれない。それは、ただ起こるがままにしておくしかないんです。だってあなたも、誰かに優しくされて、うれしいときもあるけど、たまにめんどくさいときもあるでしょう。

だから、何が起こるのかということに対してオープンでいること。評価することから離れることです。相手の反応に対して、なんの評価もせず、良いとも悪いとも思わず、それにのめり込みもせずに、「ああ、そうなんだ！　なるほどねえ」って起きたことから学んでいくんです。

そこには失敗も成功もなくて、何が起きてもぜんぶ成長の糧《かて》になる。だから、失敗したらどうしようとか、何がなんでも成功しなきゃ、といった力みはいらないし、そうすれば、何が起きても傷つきようがないでしょう。

自分勝手な期待をしていないから、裏切られるとか落胆するということもない。ただそういうことが起こったんだなと受けとめる。

つながりの中で、互いが互いを侵《おか》し合わずに、一緒にいる。そのリアリティと折り合いながら生きていく。それをあなたの人生というフィールドで、あなただけのやり方でやっていくことが大事なのだと思います。

「ように感じる」と話せるだけで、意見しあっても気分はいい

「つながりを見いだしていくほうがきっと本当だろうな」。そう感じた人から、そっちの方向性でやっていこう、となっていくわけです。それが少しずつ広がっていく先に本当の幸せがあるのだと思います。

分離のヴィジョンでは、言葉も自と他を隔てるような、分断・排除のベクトルを帯びています。たとえば、自分は正しいことをしている、他人にしてあげているのに損ばかりしている、それがあたかも事実のように見えているじゃないですか。でも真実は、「そのように思っている」っていうのが正しいでしょう。

英語で言うと、これが事実だと自分が握りこんでいることの前には「I think that」がついているということです。

だけど、私たちはこの「I think that」のところをすぐ忘れてしまうんです。thatのあとの内容だけでやりあうから、「自分は正しいことをしているんだから、周りがそれに従って変わるべきだ」に対して、周りからは「いや、あなたが変わるべきだ」っていう対抗するものが必ず出てくるわけです。

そうすると主導権争いのけんかが起こるんですが、実は相手も「I think that」を忘れているんですね。

言葉は私たちを「囚《とら》われ人」にします。だけど、私たちがそこから解放されるためには、やはり言葉を必要とするんです。だから「言葉という道具の性質をよく知って、そのうえで、言葉のトリックに引っかからないように気をつけながら、言葉を使っていく」というやり方をとることです。

では、どちらも「I think that」って言ったらどうなるでしょう。

「本当？　全然違う考え方だね」と認め合えたら、「同じ状況にいるのに、私とあなたでは考えている内容が違うなんて面白いね、なんでそう思ったか話し合ってみよう」というように、けんかのほうにはいかないで、ディスカッションのほうに行く可能性が生まれると思うんです。

だから「～である」っていう「that」のあとだけを言わないで、自分はあくまでも「I think」とか「I feel」「I see」を省いて言ってるんだっていうことを忘れないようにする。相手にもそれを思い起こしてもらうことです。

これは否定しあうんじゃないんですよ。「私はこう思っている」「あなたはそう思っている」、そこにズレがあったら、「That's interesting. Let's talk about it.」っていうふうに、どちらかの正誤を争うのではなくて共同の探求が始まる。勝ち負けのバトルじゃなくて、探求していく方向に行きやすいんじゃないかと思います。

私はこう思っている、それは間違いない事実だとしても、損ばかりしているっていうのは事実じゃないかもしれない。だから、「私はそう思うんだけど、どう？」って聞いてみたら、「たとえばこれは、損してないんじゃない？」っていうかたちで「think」の内容のところを訂正していける可能性が出てくるはずです。

こういうかたちで起きる相互作用から学ぶことによって、認識の偏りは変わっていくのです。

たとえ意見が真っ向から対立する相手を前にしても、相手を一方的に否定、排除し、つながりを切るような言葉を発しない。自他が融和し、つながるような方向での言語表現を辛抱強く模索するように努めなければなりません。

自信がもてない人は、いつも酔っぱらっている

確固たる存在としての「私」が実体としてあるわけじゃなくて、あくまで、「私」という感覚がある。あるような感覚があるのであって、実際にあるわけではない。ここは大事なところです。

ほとんどの人は普通に生きていても、多かれ少なかれ自分自身にどこか疑いを抱いているのではないかと思います。つまり、自分への不信感ですね。

自分ほど身近なものはないはずなのに、どういうわけか本当の自分というものが自分にあきらかになっていない。だからこそ、自分で自分に落ち着けないし、自分に親しむことを難しくしています。

それは言い換えると、「自己の正体を見失っている」ということです。

「自信」というのは、本来の自己に落ち着き安んじている、ということです。

本当の自己の正体がわかっていないと、現在の自分に安心してくつろいでいることができずに、いかにも本物のようにみえる、偽物《にせもの》の自己にすがるようになります。

今の自分に満足できず、そうしないとどうにもこうにも自分の身が持たないように感じてしまうからなのですが、あいにく偽物では結局のところは役に立ちません。せいぜい一時しのぎが関の山です。

それどころか偽物の自己にすがろうとすればするほど、現実の自己を信じることができなくなるのです。

多くの人はそのことに無知のままに日々を過ごしていますから、不安な気分や焦燥《しょうそう》感がとりとめもなく肥大化し、それがしばしば私たちを、もっとマシな自分になれそうなものはないかとさまざまな形態の気晴らし行動へ駆り立てるわけです。

しかし、それをいくら一生懸命にやっても、「もがき」「あがき」でしかありません。

「正体なく酔う」という言葉がありますが、このように私たちはあたかも自分への不信感という度の強い酒を飲みすぎてベロンベロンに酔っ払い、「正体をなくして」ふらふらしながら生きているのではないかと思います。

自信は、「ああなりたい、こうなりたい」と、何かいいものを自己の外側に探してあちこち歩きまわったり、「あれもない、これもない」と焦って、他人より優れた力量や技量を身につけたりすることで作り出す特殊な心理状態ではありません。そんなふうに思考ででっち上げる必要はないんですよ。

自分の外側にあるものに寄りかかって「つくる」のではなく、自分で「いる」こと、それを「自信」と言うんです。

自分という存在が絶対無比であることを疑わず、そこに安心して落ち着き、くつろいでいること、自己の正体を生き生きと働かせて生きるという、人生の「態度」なのです。

自分の中には、自分ですらわかっていない素晴らしい自分、「輝き」が、無尽蔵にあるという事実に気づくことです。仏教ではそれを「仏性《ぶっしょう》」と呼びますが、仏性は誰にも平等に与えられているんです。

もともと持っている「輝き」が自然にオープンして、それを自由に使いこなしていける。そういう力は誰にもあるのです。

なのに、今、ここにすでに豊かにある「輝き」を観ないで、今の自分に満ち足りることができず、走るその先にあると想定される未だない自分を求めることのほうが価値がある、というのが世間の言い分です。

それにしたがって、常に「今の自分にはない何か」のために生きるのもいいでしょうが、それではもともと持っている豊かなものが開かないで死蔵状態になって、あたかもないのと同じになってしまうのです。

内側の輝きが開いていないから、外側から何かを使って自分を光らせる、測定可能な自分の存在価値みたいなものを次から次へと求める。私は○○ができる、○○を持っている、そこだけで勝負しているわけです。

不為《ふい》(作為を離れた行為)、作り事なし。まずはそこから始めないといけません。意図的に余計なことをしても、望んだ変化はめったに起こらないけれど、ありのままのところに落ち着いていると、自然に自信に満ちていくものです。

私たちはどうも、常に自分が何かやっていないと、つまり、いつもすべてをコントロールしていないと、良いことは何も起こらないんじゃないか、自分にとって悪いことばかりが起こるんじゃないかという不信感をもっているようです。

自分がいつもイニシアティヴをとらないといけないような強迫観念をもっている、だからコントロールを捨ててありのままに任せること、つまり徹底してくつろぐということがとても難しいのです。

しかし、本当にそうなのか、その不信感は根拠のあるものなのかどうか、コントロールを捨ててありのままにしたらどういうことが起きるのか——それを実際に試してみようとする勇気ある行いが坐禅なんです。

全部はぎ取った状態の自分を許し、そのまま落ち着くこと、そこにしか安心はないと決めても大丈夫なんだということを体験してもらうのが坐禅なのです。

プラスの結果を期待しながら善をなすと、不満がたまる

「発心《ほっしん》正しからざれば、万行《まんぎょう》空しく通ず」と言いますが、そもそもの発心のところで間違っていれば、どんなに善いことをしていても、長い目で見たら行き詰まってうまくいかなくなるんだろうと思いますよ。

「善因《ぜんいん》・善果《ぜんか》」という言葉を知っていますか？　善い原因が、善い結果を生むという意味です。

スピリチュアルな本や自己啓発系の本の文脈では、「善行を積んでいれば、素晴らしい未来がやってくる」という具合に、結構千万な話に使われがちですが、その営みに「何かをしてその見返りに何かをゲットする」という打算的な根性を持ち込むと、その何かがいかに高尚なものであっても、必然的に、人生全体であらゆる錯誤が生じてくるので、くれぐれも注意しなくちゃいけません。

たとえば、お坊さんがよくする話に、「菩提薩埵四摂法《ぼだいさったししょうぼう》」といって菩薩が行う四つの徳目、「布施《ふせ》」「愛語《あいご》」「利行《りぎょう》」「同事《どうじ》」があります。

布施は貪《むさぼ》らずに、自分の力を差し出すこと。

愛語は温かな心づかいに裏打ちされた言葉をかけること。

利行は他の人が利益を被ることを考え、実行すること。

同事は相手に共感し、寄り添うことです。

こういう話をすると、「道徳的に善いとされていることを勧める説教話」と受けとられてしまうことが多いんですが、外側にある「決められた考え方や話し方」に適合するようにしゃべったり、行為をしたりするように意識的に努力する、という道徳主義的レベルだけでこれを理解してはいけません。「善いことをするぞ」とマインドのレベルで思った途端、行いとハートが離れたものになってしまうんです。

優しい眼差しで人に接したり、親切な言葉や慰めの言葉をかけたり、人の嫌がることを率先して行ったり、相手の様子を気にかけたり、謙虚でいようとしたり、「ありがとう」「おかげさま」と感謝の思いを伝えたりというのは、「そうするのが本当だな」っていうハートの声に従ったもののはずです。

それがない、しぶしぶ行う態度ではやっぱり長続きしないし、結局なんにもならないと思います。

自分の中に「そうしたい」という溢《あふ》れ出てくる思いがあって、思わずやってしまうような内側からの勢い。それがないと、無理に強《し》いてしようとすることになるわけで、「もっとがんばらなければ」と、泥沼におちいることになります。

あるいは、「自分の株が上がる」とか「周りに好印象を与える」とか「自分にも善いことが返ってくる」とか、何か良いものを得よう、手に入れよう、何かの足しにしようといった別のゴールが生まれてしまいます。「隠れた個人的アジェンダ(やるべきこと)」というやつです。

自分「が」いかに善いことをしているかということを、周囲に向かってアピールするために、せっせと励んでいるというのでは、つながりのヴィジョンに相応したものとは言えません。

もちろんそういう努力によって、多少は「ましな人間」になるかもしれませんが、そのようなあざとい願望、希望、欲求を満たすための「気配りじょうず」「言葉じょうず」なら、それはやめたほうがいいと思います。結局は墓穴を掘ることになりますから。

いつか何らかのかたちで、不満や対立の元凶になったり、感謝を強要してかえって自他の垣根を作ることになっていくでしょう。

今、挙げた四つの菩薩の行いはそれとは正反対のベクトルを帯びています。ここでも「すべてのものがお互いにつながり合っている」というヴィジョンと、身で為《な》す行いとが相応し合っていなければなりません。

つながりのヴィジョンに相応した行いとは、自分のためにするのではなく、周囲の中にさまざまな形で存在している分離を少しでも癒やすために、たとえささやかであろうとも、どうしたら役に立てるだろうかっていう慈悲の心で為されるものです。

だから、すべてが他人事ではなく私事《わたくしごと》になる。「私」から出発するのではなく、「私たち」という問題意識から行動が生まれてくるのです。

自分の中に持っている独自なものを他の人たちにシェアすることによって周囲に貢献する、そういう方向での表現のことなんです。自分が豊かに持っているものが外に溢れ出てくるという感じです。

その循環の中で、自分にとって必要なものがちゃんと与えられてくるのではないでしょうか。

人は太陽のように、自分をフルに役立てていける

孤立的自我ではなく、関係的自己へ向かう入り口は無限にあるんです。どこにだってあるし、いつだって開いている。ただし、人に言われたからやるといった態度じゃ駄目。そこに入っていけるかどうかは自分次第ですからね。

つながりのヴィジョンで生きる人の感情というのは、「慈悲喜捨」であるといえます。「慈」は楽しみを与える、「悲」は苦しみを抜くという意味で、抜苦与楽《ばっくよらく》といいます。「喜」は人の喜びを自分の喜びとすること、「捨」は平静な心のことです。

いっぽう分離のヴィジョンで生きる人の感情は、「慈」ではなく愛着、執着、「悲」ではなく憐憫《れんびん》とか絶望、「喜」ではなく比較とか嫉妬《しっと》、「捨」ではなく冷たい無関心といった、似ているけれどまったく違うものなのです。

ここでの重要なポイントは、なぜ「捨」というものがあるのか、ということです。

分離のヴィジョンで生きる人は、すべての行動が主観的になってしまいます。これをすれば評価されるだろうとか、喜んでくれるはずだといった取引勘定、損得勘定が出てくるんですね。同情するという行為によっても、ある意味、自分が上にいることを確認できたりするわけです。

そういった見返りや報酬を求めて一喜一憂するのですが、つながりのヴィジョンで生きる人は、主観の反応をあてにしません。私はそれこそが「主体的なあり方」だと思っています。

周りが喜んでくれるからやるのではなく、私がやりたいからやる。この生き生きとした主体性で行動していけるのです。

それは、太陽がひたすら燃えているように、自分が生きていることを誰かのためにただ役立てようとする生き方です。

燃えるって、自分が持つ燃料を消費することだから、死に近づくってことですよね。だけど太陽は、それにビビって、わざわざ節約しながら燃えているわけじゃない。何の躊躇《ちゅうちょ》もなく、精一杯、純粋に燃えているんです。

自分を犠牲にしているなんて思わずに、淡々と、全力で、喜んで燃えている。

その熱によって地球上に生命を誕生させ、あらゆるもののいのちを育んでいる。

善きものの上にも、悪しきものの上にも、暖かい光をそそいでいるんです。それが喜びなんですよ、太陽には。

太陽のように自分を完全燃焼する生き方を、禅では「大機《だいき》大用《だいゆう》」といいます。

自分中心の小さな物語のために動くのではなく、もっと大きな物語の中の、かけがえのないお役目として働く。

今ここにこうして、海と一つとしてある波として生きている自分にしかできない大きなミッションに全力を尽くそうとする。

どんなシチュエーションにもオープンでいられるから、自分から積極的に何かをしようとしなくても、状況が求めることに自由に応じることができる。

自分以外の誰かのために、自分を役立てていくことができるし、自分を必要とする人々のためにいつでも手が空いている状態でいられる。

自分がやらなきゃいけないことが、内側から自然に湧いてくるし、個人的な好みや損得を超えた、すごく良い働きがスッとできる。

喜びであるとか、慈しみ、優しさといった「本来的な自分」が、なんの気負いも力みもなく、当たり前に表現できるようになるのです。

太陽的な生き方というと、途方もない、どこから手をつけていいのかもわからないような話に聞こえるかもしれないけれど、なにも難しいことじゃないんです。当たり前の日常の中で十分実現していけますよ。

「分離」ではなく「つながり」のヴィジョンをもって生きていく。その入り口は無限にあるんです。どこにだってあるし、いつだって開いている。

道で行きずりの人が困っていたら、自分の時間を使ってなんらかの仕方でその人を助ける、そんなささやかなことから入っていけるんです。

森は、地中から樹木のてっぺんまでいろんな層に分かれていて、びっくりするほど多様な生き物が共存しながら生きていますよね。その中のどれかひとつ欠けても森としては成り立たないっていう曼荼羅《まんだら》的なあり方をしています。

私たちだって、それぞれにいるべき場所、居場所がちゃんとあって、そこにおいて、全体とつながりながら、太陽のように生き生きと躍動して生きていくことができる。

どんなにささやかなことでも、立派に世界を更新していく。そういう世界の実現は充分に可能だと私は思うのです。

一花《いっか》開いて世界起《おこ》る。一つのささやかな花が開くことで、そこに新しい世界が新鮮に立ち上がる、という意味です。

第3章

ひと呼吸おく

マインドフルでいられる心になるために

流行りのマインドフルネスでは、心を休ませられない

ある目的を意識的に目指し、なんらかの方法を遂行している自分が前面に出ている。そういう自力自調《じりきじちょう》のマインドフルネスは、仏教的なマインドフルネスとはまったく違うものです。これは、優劣ではなく質の違いの問題です。

アメリカで広がりを見せている「マインドフルネス(mindfulness)」を、日本でも雑誌で特集されたりして目にすることが多くなりました。

マインドフルネスというのは、「今ここで、自分の内側や外側で起きていることに価値判断を入れず、ありのままの姿に注意を向けて、それに気づいている」状態。自分の内や外で起きている出来事にしっかり向かい合うこと。その向かい合おうとする態度、向かい合えている状態になるためのトレーニング、それらをまとめてマインドフルネスと呼びます。

もともとは仏教の瞑想《めいそう》に起源をもっていることは確かですが、もはやそのことに言及する必要がないくらい、マインドフルネス単独として広まっていますね。むしろ仏教との縁には敢えて触れず、気持ちが落ち着くとか、ストレス対策に有効だとか、集中力が高まるとか、生産性を上げるとか、科学からの知見を持ち出すことによって、自らの正当性をバックアップしようとしているようなところが見受けられます。

この仏教的文脈から離れたところで展開しているマインドフルネスを、私は世俗的マインドフルネスと呼んでいます。

世俗的マインドフルネスは、「世界の中で自分がうまくやっていくためのスキル」として考えられています。たとえば、自分が点としてあって、他の点との関係をうまく調整しようとする。あるいは、自分に降りかかってくる問題のほうをなんとかうまく処理できる、点としての「私」の改善・強化路線なわけです。

どうしてもマインドフルではいられない心というものがまずあって、そのせいでいろいろな問題が引き起こされている。それではまずいから、巧《うま》い方法を編み出して、それによってマインドフルでいられるような心になっていく。そうすればそういう問題が起きなくなって、めでたしめでたし、となる。

こういう分離した個人の発想、自我を強くする考え方が、世俗的マインドフルネスの背後には流れていると思います。

自我を強くするマインドフルネスであっても、一定の効果があるような「感じがする」からこそ人気が高いのでしょうが、それは本来のマインドフルネスが目指しているものとはまったく異なるものです。仏教的なマインドフルネスは、そもそも「自分が点である」という自己認識の解体のための装置なのです。

どんな物体にも閉じた線や輪郭があるように見えますが、超解像度の顕微鏡で見たら、その輪郭は隙間だらけであるように、私たちが輪郭だと思っている境界も、実際には細かく振動して開かれている。マインドフルネスは、言わば、内的な経験を観察するためにある解像度の高い観測装置だといえます。

それは、開かれた個人というのが実相だという前提に立って、本当の問題は自分の外側にあるのではなく、この私自身がそもそもの問題だ、という洞察です。

自分の解体・本当の自己の発見を目指していますから、一口にマインドフルネスといっても、世俗的マインドフルネスと仏教的マインドフルネスとは方向性がだいぶ違うわけです。

苦しみは「痛み×抵抗」、
幸せは「快感÷執着」

本当はいろいろなものが寄り集まってできているのに、私たちはその区別がつかず十把《じっぱ》一絡《ひとから》げに見ているんです。見方がいい加減というか雑なんですね。もっと細かく見ていけば、たぶんいろいろに分けられると思いますよ。

マインドフルネスとは「今起きている経験に価値判断を挟まず、ありのままに気づくこと」と前述しましたが、仏教的なマインドフルネスによって、私たちの眼には粗いレベルでしか見えていない経験を、空間的にも時間的にも高解像度で観察できるようになる、と私は思っています。

外に向かってあれやこれやと当てずっぽうにやっていること、ながら的に、心ここにあらずの状態で見落としていることを、丁寧に、注意深く、細かな配慮をもって「如実に観る」。

いったん止まって、そこから出て、また動き出す。

そういう目覚めた状態を育てていくことにつながるのが、マインドフルネスなのです。

空間的解像度を高めることで、たとえば苦しみという経験が痛みだけではなく、それに対する抵抗という、もう一つのファクターから成り立っていることが見えてきます。

「苦しみ＝痛み×抵抗」なのです。

痛みというのは身体的なものにせよ、心理的なものにせよ、ドゥッカ（パーリ語でdukkha、思い通りにならないこと）というあり方をした無常の人生を生きるしかない私たちには不可避の事実です。あらゆることは無数の条件がお互いに影響し合って起きているから、自分ですべてをコントロールすることなんてできません。

自分もその一部としてあるのですから。受けいれるしかないもの、それが痛みです。

でも、苦しみの中には痛みと、もう一つ抵抗というそれとは違う成分があるわけです。抵抗というのは、痛みに出合ったときに私たちの中にそれへの反応、リアクションとして立ち上がってくるものです。

たとえば、痛みを受けいれようとしない身体的な緊張や、「なぜ私がこんな目に!?」とか「あいつのせいだ！」といった心理的な否認を指します。

痛みだけでは苦しみにはならない。それに抵抗しようとするほど掛け算的に苦しみが増してしまう。だから苦しみというのは、この二つが加算されたものではなく積算されたものなのです。

仮に今、10の痛みが起きても、抵抗が1であれば、苦しみは10になって、痛いけれどもそれほど苦しくない。でも、10の抵抗があったとすると100の苦しみが生まれるのです。

この痛みそのものと抵抗の区別がちゃんとできるというのが空間的解像度の高さです。その区別がつけば痛みは受けいれ、抵抗は下げるという、それぞれに適切な対応が可能になります。

また、私たちは幸せとは快感そのものだというふうに、イコールで結んでしまうけれど、解像度を上げて観察すると、実はそこにもう一つ執着というファクターが加わっていることが見つかります。

「幸せ＝快感÷執着」です。

私たちは快感を得ると、「もっとたくさん欲しい」とか「もっと長く続いてほしい」と即座に思ってしまいますよね。でも、この「もっと」というのは「足りない」と見ていることであり、それが減ることを心配しているわけです。「もっともっと」と執着すればするほど、それだけ現に快感のある状態から注意がそれてしまうわけだから、せっかくそこに快感があるのに得られる幸せ感は割り引かれてしまうのです。だから割り算の式になります。

解像度が低くて快感と執着の区別がつかないと、本人が望んでいることとは、逆のことが起きてしまうわけです。

執着すればするほど幸せが目減りするんですから、これは愚かとしか言いようがないでしょう。

二つの方程式のどちらも、幸せと苦しみは結果であるわけです。それは直接求めることはできません。それぞれ痛みと抵抗、快感と執着という二つのクオリティの計算から出てくるものです。

そして、快感と痛みは生きているかぎりつきまとうものです。それはブッダでも例外ではありません。

でも、執着や抵抗は当人の反応パターンで、上げたり下げたりしている私の責任ですから、やり方を学ぶことによって変えていくことができるものです。それが、時間的解像度を高めるということです。

時間的解像度というのは、簡単にいうと経験を見る動体視力を上げることです。動体視力が弱ければ、痛みの到来、続いて起きるそれに対する抵抗、快感の到来とさらに続いて起きるそれへの執着という別々に起きた二つの出来事も一つの出来事に見えてしまいます。

そして、習慣的な反応が自動的に、どうしようもないかたちでパッと起きてしまうのです。気がついたらもうすでにやっちゃっている。

でも、動体視力を上げることで、まず痛みとか快感という出来事が起きた、しばらくしてそれに対する抵抗や執着が起きたと判断でき、二つの出来事の間に新しい選択肢を入れる時間的余裕ができるようになります。

それが、痛みや快感をそこにそのままあらせる、ということです。

事実を事実としてまず受けとめる。今はこうだけど、それでオッケーと受けいれ、その中で幸せになることを考えるということです。

抵抗を下げるとか執着を減らすというのは、一言でいえば、痛みや快感をなるべくそのまま受けとるということです。

もちろん、そうすることで痛みや快感の事実がゼロになるわけではありません。でも、それをどういうふうに体験するかはこちら次第で変えることができるというのが、この式が表そうとしていることです。

何もしないことが事態を大きく変えていくというのは、多くの人には信じがたいことでしょう。でも、もしかしたら事態の変化を一番妨げているのが変えようとする自分の努力かもしれないという可能性は、念頭に置いておくべきです。

痛みや快感をそこにあらせるというのは、その状況からの撤退ではありません。むしろその状況と自分の間に壁を作らないということです。

多くの場合、「積極的な」行動というのは壁を作ることになっていますから、状況が見えなくなり、自分が解決の一部ではなく問題の一部になっていることが見えないのです。

一つひとつに、心のこもった句読点を入れてみる

「マインドフルになりたい」と理想を目指してがむしゃらにダッシュしても、今まで自分が繰り返してきた誤りの延長上で努力をすることになってしまいます。「自分は一体、何を目指してやっているのか」を考えることが大事です。

マインドフルネスというのはもともと、「サティ（sati、念）」というテーラワーダ（上座部）仏教に起源をもつ言葉の英語訳です。

この「サティ」の中には、「憶念《おくねん》」といって、「心に刻んで忘れないでいる」という意味も入っています。「記憶」という要素が強いのです。

ですから、過去とのつながりが切れているのではありません。むしろ過去を現在につなげる働きであるとさえいえるでしょう。

しかしながら、瞑想《めいそう》とかヨガを組み合わせた流行りのマインドフルネスでは、「判断を交えないで、今起きていることに気がつく」ということだけがあまりにも強調されすぎている気がするんです。なんだかリアリティのない「今」が強調されているような気がします。

それでは「サティ」が本来もっている豊かさが失われるのではないか、と私は思います。一つひとつ何か行いをするときに、「何のためにするのかを忘れないように、あるいは、こういう思いでこの行いをするんだということを思い出したのちにやる」というのも、マインドフルネスの一つの大事な一面としてある。この点を押さえておく必要があるのです。

巷《ちまた》でマインドフルネスといわれているものは、過剰なまでにメソッド化されているために、「マインドフルネスのマニュアルで言われたとおりにちゃんとやるぞ！」という思いだけでやっているせいで、実際にはマインドフルネスになれていない人が多いように見えるのです。

たとえば「今起きている呼吸に注意を向ける」ということを持続するためには、そのことを記憶として保持している必要があります。

今起きている呼吸から注意がそれたことに気がついたら、「ああ、今、注意が呼吸からそれているな。そうだ。自分は今起きている呼吸に注意を向けるということをやっているはずだったんだ。注意を呼吸にもどさなきゃ」といったような心の働きが作動しなければ、その実践は成り立ちませんよね。

現在を生きるということを持続的に可能にするためには、そのことを自らの課題として心に刻んで常に思い出すという記憶の働きがなくてはならないということです。

マインドフルネスの実践も、マインドフルであろうとした自分の動機といったものを記憶し、忘れないことを前提にしないといけません。

料理であれ、掃除であれ、「今から私はこれをやるんだ。それはこういう意味をもっているんだ」というような確認を入れる工夫が、あらゆる行いにおいてなされることが大切です。

そういう心のこもったマインドフルネスの実践ではなく、心を伴わず形だけがそれ相応にできても、経験の意味が全然違ってくるんです。

パートナーや子どものために手間をかけて料理を作るにしても、ここが飲み込めないと、所詮《しょせん》つらい「飯づくり」にしかならないわけです。

「する」ことより「しない」ことを取り入れる

成果とか、効率的なことは考えずに、何はともあれ、理屈抜きに、とりあえず一服する。惰性で心が動いているのをいったん止める。生活に区切りを入れ、そこからまた始める。そういう生活の〝節作り〟を習慣づけることが大事です。

もはや通用していないやり方を飽きもせずに踏襲して、なんとかしようともがき続ける、という光景は、個人のレベルでも、組織のレベルでもよく見かけます。人間には、放っておくと普段から慣れ親しんだ自動操縦モードの振る舞いや考え方をそのまま続けていこうとする傾向性があるんです。

今までデフォルトになっていたパターンや、無自覚的にリアクションを起こしていたところにポーズ(pause、休止)を入れるというのは、はじめは怖いことでもありますが、それだけに敢えて止まるということは大きなインパクトをもち得ます。今までしたことがないことを敢えてするのですから、その影響は大きい。

「身を捨ててこそ浮かぶ瀬もあれ」というように、身を守ろうとして緊張すると逆に沈んでしまうけれど、常識に反して敢えて身を捨ててしまってリラックスすると、自然な浮力で、あら不思議、浮いちゃうということが起こるんです。

ポーズを入れるというのは、何らかの行為を実行に移す前に少し間をとる、ということです。あくまで一時的な休止の意味ですから、再開することが前提になっています。フレッシュに始めるためにポーズをとるんです。

そろばんでも、計算するべき数字を読み上げる前に「ご破算で願いましては」って言うでしょう。計算を始める前に、珠を払ってゼロの状態に戻しますよね。それを面倒くさいといってやらず、前に計算した珠が残っていたら、それ以降、いくらそろばんを正しくはじいても、「はい、ご明算！」には絶対ならない。やっぱり、いったん「ご破算」にしないと始まらないのです。

ですから、忙しさに追われているときでも、一瞬でいいから区切りを入れる。目の前のやるべきことをいったん止めて、姿勢を整えて三呼吸。普段より少しだけ長く、ゆっくりと吐き、吸う。1分もかからないですからね。

あるいは、グラウンディング(地に足をつける)し、全身であくびをして体を伸ばす。それからまた始めることができると、どんなに体がキツキツでも、にっちもさっちもいかないときでも、生活の主導権を取り戻すことができるんです。

忙しさに自分が使い回されるのではなく、時間を使う主体になるのです。

欲しい、惜しい、愛しい、憎いといった感情の垂れ流しもいったん切る。一息の間だけ、今までのパターンのくり返しを破ることが大事だと思います。

「あのとき、ああしておけばよかったかも」と思い直して、心が動き回っていると、心のざわめきがじゃまをして見えるものも見えなくなってしまいます。だから何はともあれ、ホッと一息つく。心でなんとかしようとするのは、火に油を注ぐようなものですから、体からアプローチするほうがいいと思います。

どんな悩みがあっても、一瞬なら切ることができることを知っていたほうがいいですね。そのままギブアップするんじゃなく、また悩みに戻るにしても、自分のこれまでのストーリー展開を破ってくれるようなものが外からガーンと来たら、それまでの悩みを作るような構えやスタンスが変わる可能性が必ずあるんです。今までの自分だったら絶対にやらなかったことをやってみたときに、人は変わっていくのですから。

怒りがこみ上げてきても「大丈夫になる」方法がある

否定したい感情を、よくわからないままにただ悪いと決めつけないで、腰を入れて触れてみる。すると、別に無理やりなくさなくてもいいし、今はそのまま放っておいてもいいんじゃないか、ということがわかるようになってくるはずです。

私はマサチューセッツ州の小さな坐禅堂で17年半、坐禅を指導していましたが、海外でも「怒りっぽい性格に困っています」「人間関係を壊さないために怒りを抑えるにはどうしたらいいんですか？」という相談をよく受けました。

怒りというのは、いわば思いと感情が入り混じったエネルギーが頭にのぼせ上がっている状態ですが、「怒っちゃいけない、怒っちゃいけない」とやっていると、これは絶対に怒りますよ、無理やり抑圧しているわけだから。

人間というのは一方的にコントロールしようと思うと、必ず反発が出てきますからね。それはもともと不自然なんですよね。

怒りを一方的に否定したり、叩き壊すのでもなく、無視するのでもない。かといって怒りに呑み込まれて自分を見失うのでもなく、別のもっと賢明なやり方でスッキリできるようにする術をもっておくと、怒る確率が減ってくると思います。

現実の職場ってところは、ジャッジメンタルなふるまいをする厄介な人と嫌でも顔を突き合わせていかなければならないので、ほんとにストレスフルですよね。

柳に風、というわけにもいかないでしょうが、カチンときたとき、つい反射的にガーッとやり返してしまうというパターンが染みついている人は、その流れの間に、なにはともあれ意識的に、フーッと呼吸を入れるという新しいパターンで、今までならあっという間に怒りが飛び出していた流れを断ち切ってしまうんです。これは怒りの火を消す「初期消火法」としてとても有効です。

ちょっとでもカチンときたら、忘れないですぐフーッと呼吸するだけでも、いったん区切りがつけられる。するとその後は、怒るというワンパターンではなく、いくつかのオプションの中から選べるようになる。区切りをつけることで、感情の召使いじゃなく、感情の主人になれるわけです。

それともう一つは、山裾で雷が鳴ったりしていても、山頂では青空が見えたりするように、本当の自分は「思い」とか「感情」よりずっと大きくて広々としている存在であるということを体で学んでいく。怒りがこみ上げてきたとき、「私の中で怒りという感情が起きている」というふうに受けとめていくことです。

「私は怒っている」と見れば、「私イコール怒り」になってしまうのです。それではじっとしていられないですよね。そうではなく、立ち上がってくるものをどうこうしようとしないで、ただ起こるがままに、「ああ、私の中の一部に今、怒りという状態が起きている」と、自分の中のリアクションを冷静に観察する技術を磨いていくのです。

そうやって、起きてくることをおおらかに許すことで、いつものように反射的にリアクションを起こさないで、レスポンスが可能になっていくはずです。

怒りが火のように湧き上がっても、それよりもっと大きなものが自分なんだという見通しがつけば、安心して怒れるし、放ってもおける。怒りは怒りとしてそこにあっても、「それほどでもない」というゆとりが自ずから出てきます。すると、怒りは活躍する場がないのでそのうちに自分のほうから消えていくのです。

ストレスをマネージしようとしても、疲れるだけ

あんまり深く考えずに、とにかくがんばっている人が多いんじゃないかな。そういうがんばり方って多くの場合、危ないというか、がんばりが逆に、自分を解決ではなく問題にとどめ置く結果になっているのではないでしょうか。

「娑婆《しゃば》」という言葉は「サハー」というサンスクリット語からきているのですが、これは「忍土《にんど》、苦しみを我慢しなければいけないところ」という意味です。

以前は大きなストレスといえば天変地異や災害、飢饉《ききん》、戦争などでしたが、現代はそうしたタイプのわかりやすい肉体的ストレスとは違う、真綿で首を絞められるようなわかりにくい精神的なストレスが増えてきています。


私たちはストレスを感じたら、まず何かで発散しようとしますね。「忘却」とか「無視」といった回避の方法です。

お酒でも、仕事でもいい、何かに溺《おぼ》れることでストレスを忘却しようとする。あるいは、そんなものなどないと無視をする。目をそらす。しかし、あるのに無視しているのですから、いつか必ず問題が噴き出てきます。

また「破壊」という手もあって、ストレスの原因と思われるものを手っ取り早くやっつけて、取り除こうとするわけですが、これも実はストレスそのものに向き合っているのではないので、本質的には解決にはなりません。また、同じようなことが繰り返されます。

ストレスの背後にはそれをストレスにしてしまうマインドセットがこちら側にあるはずですから、それを見破って変えていかなければ解決にはなりません。

たとえば、地位もお金も家族もあるけど何かが足りない感じがしている。「これだけ苦労してきたのに、なぜ思ったほど幸せじゃないんだ⁉」というストレスが生じるのは、すべて「自分」が「自分のために」熱心になってしまっているからなんです。

それで「自分はこれだけ手に入れた」「自分はあの人より多く持っている」という話ばかりしている。そんな中でいくら熱心にがんばっても、限界があるってことを思い知らなければ駄目なんです。そういった根本的な勘違いを正していかなければなりません。


応急措置としては、外界への適応をひたすら目指して働く心に一時的にでも抑止をかける、一時的に適応の努力を放棄することも大切です。

私の場合、身心の機能がシャットダウンして何もできなくなった感じがするときは、素直にそれに従って何もしないように「徹底お休み」にします。

食事もなるべくとらず水だけにして、床に就き、ひたすら寝てお休みする。そのうち、体の中でうごめいてくるものが出てくるので、そうしたら生き返ったかのように立ち上がって日常に向かって再び動き出す。ですからストレスをことさらマネージ(管理)しようとはしないですね。余計にストレスがたまりそうだから。疲れたら休むだけ。禅ではそれを「困《こん》じ来れば即《すなわ》ち臥《が》す」と言っています。「人生はそもそもストレスフル」というのが仏教の根本的教えです。いかにしてマネージすればいいかなんていう特別な方法は無いと禅は言っています。

行き詰まりのまま、お手上げのまま、つまりじたばたしないでふて寝する。中途半端なお休みでは転機になりません。

「今、ここ」に落ち着いてみれば冷静になれる

今さら決して変えることのできないことにウジウジしたり、まだ見ぬ未来にいたずらに不安を抱えたりしていませんか？　心の中で抱えていることは、今現在、実際に自分の身に起きていることでもなく、実在しているものでもないのに。

人間は今、過ぎ去ったこととか未来のことを考えることができる、っていう不思議な生き物です。で、しばしば、「考えている」っていうことを忘れて、あたかもそれがあるかのように影響を受けてしまう。だって未来を考えただけで胸がワクワクしたり、過去を思い直してどよーんとなったりするわけです。

脳は区別できないんですよ、考えていることと実際に起きていることを。でも、そこをちゃんと区別するっていうのもマインドフルネスにかかわる話で、経験そのものと経験について考えている状態とをちゃんと区別できることは、精神衛生上、すごくいいことだと思います。

過去を引きずるというのは、「あのとき、ああしておけばよかったかも」と、今、考えている。未来を案じるというのも、「これから、どうなるんだろう」とか、「こうしていれば、この先にもっといいことがあるはず」と、今、考えている。どちらも「I now think that～」です。

みんな「that」の後の内容に注目してしまうけれど、thatの中身はすべて、現実とはかぎらない内容、要するに思考のコンテンツなわけです。思考そのものは今、起きている、thinkには必ずnowがついているわけです。

確かに言えるのは、「I now think」しかないわけです。何かを考えている今は厳然としてある。でも、過去、未来っていうのは考えの中にしかなくて、それは今考えていることですね。そこにちゃんと注意を向けなさいってことです。それは、明日になったら変わっているかもしれないですからね。

「経験に直接コンタクトする」ことと、「経験に間接的にコンタクトする」、つまり「経験について考えている」ことの違いを混同しないようにしよう、ということなんです。この二つは、似ているけれど、全然違うものです。

経験そのものと、経験について考えていることが、こんがらがってくると、考えたことの奴隷《どれい》になってしまいますから、この混同から抜け出すというのが、大切なポイントになってきます。

「物事を間接的に経験する」という態度からは、フィクションが生まれてしまうんです。つまり、あるものをないかのように、ないものをあるかのように扱ってしまう。それは全部「私の物語《ストーリー》」ですよね。そこから、生きる苦しみや悩みが生まれてくるわけです。

一方、「物事を直接経験する」ときには、リアリティとの間にズレがないから、フィクションは生まれようがない。あるものはある、ないものはない。そうなってはじめて現実との直面が始まっていくんです。

考えた内容と、考えている今と、その区別がはっきりついていれば、過去と未来に釘付けにされないで済みます。過去や未来のことを考えてしまうとしても、日常生活まで脅《おびや》かされることにはならないはずです。

がんばりすぎても、だらけすぎても、心は乱れてしまう

努力のない人生というのは形容矛盾と言ってもいいくらいです。生きている存在にとって、努力は生きていることの欠かせない一部になっています。ただし、自分の努力を精妙に「調律」することが不可欠です。

「精進《しょうじん》」という言葉があります。これは一言でいえば「正しい努力」という意味です。では、精進の反対語は何でしょうか？

それは懈怠《けたい》です。努力を怠けることですね。精進は一時的なものではなく持続的なものであることが大事なのですが、懈怠はその大きな障害になります。

たとえば、もし自分をよりよく見せるため、あるいは自己満足のための懸命の精進であるならば、それは「邪精進」であり、仏教的にはそれもまた懈怠になります。そういうことにかまけていて、もっと大切なことをやっていないからです。

また、そういう、小さな自分のための精進は、実際には長続きがしません。途中で必ず飽きがきて、機械的で、心のこもらないルーティンワークになってしまいます。ただ決められたことをだらだらとこなしているだけになります。

こういう状態を、仏教では「退屈《たいくつ》」と言います。修行においては新鮮さがなくなること（初心を忘れること）が最も気をつけなければならないことなのですが、それは多くの場合、動機いかんにかかっていると思います。

自分を正直に見つめて、こういう退屈状態にあると気がついたら、自分は何のために努力しているのか、努力の根っこにあるものをよくよく見直してみる必要があります。

マインドからくる精進とハートからくる精進とでは様相が違ってきます。前者はコントロール(支配)が優勢になっている努力ですが、後者はリリース(解放)が優勢になっているような努力です。仏教でいう精進とは、後者のクオリティを目指していると、私は理解しています。

こういう話が経典の中にあります。

ブッダにソーナという名の、身体があまり壮健《そうけん》ではない弟子がいました。かれはあまりに激しく修行をするので、足から出血してしまいました。

かれは「自分は釈尊《しゃくそん》の弟子の中で一番精進しているはずなのに、まだ解脱《げだつ》が得られない。わたしの家は裕福だから、もう修行をやめて布施《ふせ》の功徳《くどく》を積むことで福を得よう」と考えはじめました。

それを知ったブッダはこう語りかけました。

「ソーナよ、お前は出家前に琴を弾いたことがあるだろう。琴を弾くとき、その糸が強く張りすぎていては良い音色が出ないし、かといって糸の張りがゆるすぎても良い音色が出ないだろう」

「釈尊よ、その通りです」

「それと同じように、修行においても、極端に過剰な精進をすればかえって心を乱し、あるいは精進が足りないと心が怠《なま》けてしまう。お前はこのことをよく分別し、平等の精進をして、一切のものごとを観察して、わがままでないようにしなさい」

ソーナはこのような教えをうけて喜び、正しい精進をして覚《さと》りを開いたといいます。

この例でわかるように、精進というのは、むやみやたらな努力ではなく、自分の努力を精妙に「調律」することが不可欠なのです。怠惰すぎても、また熱心すぎてもいけない。

精進という言葉を、その響きのせいで、あまり狭い枠の中に押しこめないほうがいいと思います。いろいろな相《そう》の精進があり得るのです。

怠け者は人生を本当に経験することなく、それを無駄に過ぎ去らせてしまいます。でも、あまりに熱心すぎると、不必要なまでに自分自身を過酷に扱って、人生そのものを破壊してしまいます。精進には適切さが大事です。

だから休むことも立派な精進の一部になります。少しの休みもなく走り続けるということではありません。それでは長続きがしません。

休むべきときにはきちんと休むこと、それも精進なのです。


たとえば、病気のときはそれを押してがんばるのが精進ではなく、ちゃんと病人らしく養生《ようじょう》するのが精進だと私は思います。がんばりだけではいけないところがある。病気のときには病中の精進というものがあるのです。

自分の体が睡眠の相に入ったらおとなしく寝床で眠り、目が覚めたらちゃんと目を覚ます。目が覚めている間は、自分の体や心に生起してくるものに注意を向けます。

病人でいることは快適なことではありませんが、病気にならないと見えてこないものもたくさんあります。

病気のときには普段にも増してさまざまな感情が心に浮かんできます。自己憐《れん》憫《びん》や怨《うら》み、焦り、絶望、不安、怒り……そういったものにいやでも直面させられます。

それをどう精進の糧《かて》へと変容させていくか。病気になることは大きな学びの機会なのです。

坐禅は「つかむ」ことではなく「はなつ」こと

坐禅はある目的をもった、決められた方法を実践してセルフ・コントロールを行うことだと思われていますが、それは大きな誤解です。日常いつもやっているような人間くさい営みの延長線上に坐禅を置いてはいけないのです。

テレビで見たり本で読んだりして、どんなことにも動じない強い心をもちたい、波立ってどうしようもない心を鎮《しず》めたい、と坐禅を始める人が増えています。

坐禅には仏教のエッセンスが全部入っているから、坐禅がちゃんと坐禅になっていれば、生きるのに必要な栄養素が必要なだけちゃんと摂れる、そのくらい素晴らしいものなのですが、本当のところ、坐禅というのはまだあまり正しく理解されていないと思うんですね。

よくある誤解が「坐禅は覚《さと》りという特別な体験とか、特殊な心理状態を手に入れるための手段である」というものです。外界から自分を遮断《しゃだん》して自分の内面に潜《もぐ》っていくような営みだと思っている人もいます。

痛みや眠気に耐えて坐らなければいけない、苦痛を我慢して動いてはいけない。そういう偏った間違ったイメージから、ビジネスに生かせる、スポーツに生かせるという誤解もあります。

特別な呼吸をするとか、心で何かをして、ストレスを減らすとか、むやみに怒らなくなるといった特定の目的を目指す、自己改善プロジェクトとして坐禅のことを考えている人もよく見かけますが、そういう自分のための目的、目標、ねらいを先に立ててから坐禅をするのは問題です。

同じように坐っていても、理想の私に向かって駆け出すようにして坐っているのか、現在にくつろいで坐っているのかで坐の中身、実質はまったく違います。

誤解されやすいものだからこそ、坐禅の格好がいちおうできていればいいという話ではなく、正しい坐禅観をもつことが大事だろうと思います。坐禅のような格好をしているだけで、全然坐禅になっていないということが多々あるのです。

坐禅というのは、「坐る＋ゼロ」です。

１００パーセント掛け値なしに、身と心を挙げて坐る。そこに何も足さない。呼吸を数えるとか、呼吸に伴う下腹部の膨らんだり縮んだりする動きに注意を注いだり、といった作為的なことはせずに、正しい作法に則《のっと》って純粋に坐ることなんです。

それは、私の身心を縁起《えんぎ》というつながりのネットワーク、大自然の自ずからなる働きに投げ入れなきゃいけないということです。

そうすると何が起こるかというと、普段の私たちの意識は、手や足や口を使えませんから意思・意欲の活動を棚上げにされて、自分の活動が最小になっていくという方向に向かいます。

やっていくことを増やしていくのではなくて、どんどん減らしていく。受動の方向に近づいていくことになります。

普段の私たちの意識が受動に近づけば近づくほど、体はそれに反比例して能動的になっていくという関係になっています。そこで、普段の私たちの意識は、それをただ見守っている。坐禅中に何が起きてもそのままにしておいて、こちらの都合で勝手に干渉しない。それを、坐禅のあの姿勢が具体的に純粋に可能にしてくれているのだと思います。

そこで、そういう状態でいったい何が起きているのかを、「証人として目撃する」。

そのことで、普段のあり方が相対化される。ちゃんとやったらやったなりに、坐禅の中で目撃したことが、日常生活や普段の意識にじわじわと染みこんで反映してくると、私は思っています。

ですので、坐禅の主体は何かというと、普段の私ではない。普段の私は、身も心も坐禅に投げ入れて、あとはすべてをそれに任せるという消極的な役割を誠実にやらなければならないので、スイッチを完全にオフにするわけではないけれど、普段働かせているプログラムとは違うプログラムに従って働いているわけです。

坐禅をしていればこういう効用があるだろうという先入観や期待を持ち込むのは、坐禅から最も遠い態度なのです。

呼吸の例でいえば、坐禅においては自然に息が調《ととの》っていくのに任せるだけで、意図的に自分ではからって、より長く深い息を吐こうとはしないし、特に呼吸だけを取り上げてそれに注意を集中するようなこともしません。

自分でも息をしていることを忘れるくらい微《かす》かに、息が鼻から自然に自由に出入りしているようにしておくだけ。いかなる方法も使わず坐禅に一任しておくのです。

それは「自分の」呼吸ではなく「坐禅の」息になるのです。

結果的に、ストレスが少なくなった、今までより怒らなくなった、ということはありますが、それはあくまで副産物。それをアテにしてやったら、もうそれは坐禅ではないのです。

その違いがはっきりしていなかったら、坐禅はジョギングするのと区別がつかなくなっちゃうんです。

第4章

ただ坐る

坐禅する手前のオリエンテーション

坐禅が坐禅になることを妨げる「蓋《ふた》」がある

煩悩《ぼんのう》と坐禅は対立し相互に排除するような関係ではありません。坐禅は煩悩が起こらないようにする、あるいは起きている煩悩を消すための努力ではなく、坐禅をして初めて煩悩が煩悩として自覚される。そのことこそが坐禅の功徳《くどく》なのです。

坐禅に初めて取り組むとき、本で読んだり誰かから聞いて憧れを抱いた「坐禅の境地」にすんなりたどり着くことを期待する人は多いかもしれません。

ところが実際は、そうは問屋が卸さない。自分が意図してそうしているつもりはないのに、どういうわけか心の中に坐禅を妨げるような力が働きます。

かつて自分にひどいことをした人のことを思い出して怒りに囚《とら》われたり、性的なファンタジーにふけったり、居眠りしたり、こんなことをやって何になるのだろうとばかばかしくなったり……自分の坐禅が当初思ったような坐禅にどうしてもならないという羽目に陥るのです。

どうやら、坐禅をしようという意図や努力から私たちを引き離し、意気をくじく負の働きが私たちの身心の中に存在している。これは、坐禅をするうえで避けては通れない問題なのです。

この坐禅が坐禅になることを妨げる心の働き、坐禅の深まりを閉ざす壁のようなものを、仏教では「蓋《がい》」といい、五つのタイプに整理して「五蓋」と呼びます。

あたかも蓋《ふた》であるかのように坐禅を覆って坐禅が開く明るい世界をさえぎり、坐禅の輝きを曇らせてしまうような、人間なら誰でももっている煩悩をそのようにたとえているのです。

私たちは普段、この蓋の存在が人生におよぼす影響を見逃しているか、まったくそのことに気がついていないのですが、不思議なことに坐禅をするとき、つまりこれまで繰り返してきた習慣的な行動や思考パターンが変わろうとするときには必ず、それがよりはっきりと見えるようになってくるのです。

私が初めて坐禅をしたときも、自分の中にある煩悩を嫌というほど見せつけられました。とても人には言えないようなあれやこれやの妄想が次から次へと浮かんできて、どうにも手に負えないありさまでした。自分がこういう本性《ほんしょう》の人間だったのかと思い知らされて、われながらひどく落ち込まされたものでした。

そのため、坐禅をするにあたってはあらかじめこの「蓋」についてある程度の理解を得ておくことが必要ですし、また坐禅中にそういうものが起きたときにそれとどのように出会うかということが重要な課題となると思うのです。

仏教がいう五蓋とは、感覚的な快楽を貪《むさぼ》ること(貪欲蓋《とんよく》)、敵意・悪意(瞋恚蓋《しんに》)、怠惰・無気力(惛沈睡眠蓋《こんちんすいみん》)、興奮・思い煩《わずら》い(掉挙悪作蓋《じょうこおさ》)、疑い(疑蓋《ぎ》)です。

貪欲蓋(むさぼり)と瞋恚蓋(いかり)はどちらも、「何かをしたい」という思いですが、その方法が逆になっています。貪欲蓋は何かを自分の手に入れたいという、こちらに向かって引き寄せようとする思いであるのに対し、瞋恚蓋は何かを遠くへ押しやりたいという、向こうへ遠ざけようとする思いです。

惛沈睡眠蓋(ねむけ)と掉挙悪作蓋(高ぶり)はどちらもエネルギー、あるいは活力のレベルにかかわっています。惛沈睡眠蓋はエネルギーレベルが低すぎることであるのに対して、掉挙悪作蓋はエネルギーレベルが高すぎることです。

疑蓋はしばしば他の蓋と一緒になって身心に微妙な影響をおよぼしています。

このような五蓋の具体的内容について説明する前に、五蓋が心にどのようなインパクトを与えるかについて見ておきましょう。

五蓋それぞれに囚われているときの感情的なあり方と、それから解放された状態について、ブッダはたとえを用いて次のように説明しています。

「貪欲蓋に囚われているときの感情は、借金をして商売を始めたときのようなもので、そこから解放されたときの状態は商売が成功して借金をすべて返すことができ、さらに残ったお金で妻を養うこともできて、喜び、うれしさでいっぱいになっているときのような感じである。」

「瞋恚蓋に囚われているときの感情は、病気に苦しみ、食べ物も体に合わず、体力が衰えているときに感じるようなものであり、そこから解放された状態は、病気が回復し、食べ物も体に合ったものになり、体力をとりもどし、喜び、うれしさに満たされたときのような感じである。」

「惛沈睡眠蓋に囚われているときの感情は、牢獄《ろうごく》に入れられているときのようなものであり、解放されたときには、牢獄から出て、安全で安定して財産も失わないですみ、喜び、うれしさで満たされているときのような感じである。」

「掉挙悪作蓋に囚われているときの感情は、奴隷《どれい》になって、他人に依存し、行きたいところへ行くことができないときのようであり、そこから解放されたときには、奴隷状態を脱して、独立自存し、他人に依存せず、行きたいところに行ける自由人となって喜び、うれしさで満たされたときのような感じである。」

「疑蓋に囚われているときの感情は、富と財産を持つ者が砂漠を横切る道に入ったときのようなもので、それから解放されたときには、無事に砂漠を渡り切り、財産も失わずにすんで喜び、うれしさに満ち溢れているような感じである。」

五蓋のだいたいの特徴を大まかなイメージとしてつかめたのではないかと思います。ここからはもう少し踏み込んで個々の蓋の内実を細かく見ていき、坐禅においてそれとどのように取り組むのかを話していきたいと思います。

「悪魔を悪魔と知る」ということの持つ力

仏教では煩悩《ぼんのう》そのものの中に煩悩を乗り越えていく力があるといいます。だから、その原理に則《のっと》って、こちらの力をふるって五蓋《ごがい》を叩き潰すのではなく、五蓋自身が納得して消えていくような道を探求するのが坐禅だといえます。

五蓋の最初に挙げられている貪欲蓋《とんよくがい》というのは、あらゆる形と強度での「〜が欲しい」という思いのことです。

坐禅の中では、内的なドラマや物語（自分を主人公にした悲劇、恋愛物語、出世物語、成功譚《たん》など）への耽溺《たんでき》という形で現れたり、今起きていることではない、何か別なことが起きてくれないだろうかといった期待の形を取ることもあります。

痛みや不快感に純粋に気づいているように見えても、実はそれが無くなるということが起きることをアテにしていたり、あるいは快感に関しても、それがもっと長く続くということを密かに期待していたり、という場合が多いのではないでしょうか。

坐禅の中では、そのような一見貪《むさぼ》りとは見えないような微妙な貪りがしばしば起きているので、貪りというものがどのようなあり方で発現しているかということへの細やかな洞察力を養っていく必要があります。

ブッダはこの貪りに対してどう取り組むかについて五つのステップに分けて説いています。

①内に貪欲があれば、「わたしの内に貪欲がある」と知る
②内に貪欲がなければ、「わたしの内に貪欲がない」と知る
③未だ生じていない貪欲がどのようにして生じるかを知る
④すでに生じている貪欲がどのように断たれるかを知る
⑤断たれている貪欲が未来にどのようにして生じないかを知る

この五つのステップは他の四つの蓋に関してても同じですから、「貪欲」のところに「敵意・悪意」「怠惰・無気力」「興奮・思い煩《わずら》い」「疑い」を代入してかまいません。

最初のステップですが、五蓋が今、坐禅の中で立ち現れているという事実に対して落胆したり、怒ったり、自分を責めたりする必要はまったくありません。坐禅においては何が起ころうと、それはそのときそのときの坐禅の一風景として気づきつつ、あくまで平静に眺めていればいいのです。

それに対抗して無理やり抗《あらが》おうとするのではなく、またそれに惑溺《わくでき》するのでもなく、中道的な出会い方を見つけていかなければなりません。

「抱擁する、受け容れる」という意味のembrace(エンブレイス)という英単語があります。自分が本来もっている清浄な心を輝かすためには、まず五蓋をembraceするところから着手するというのがその肝心かなめのポイントなのですが、日常生活の中ではそれがなかなかできません。

しかし、坐禅は脚を組み、手を結び、口を閉じて、一切ジタバタしないでそこにあるものと共にいる姿勢ですから、まさにembraceの営みそのものであると言えるでしょう。身心を挙げて正身端坐《しょうしんたんざ》をねらって坐っている中に、五蓋がembraceされているのです。

二番目のステップですが、ある瞬間には五蓋がない場合もあるということを体験的に知るのはきわめて大事なことです。

坐禅をしていると、五蓋の雲に覆われていない、晴れ渡った青空のような瞬間が時折恩寵《おんちょう》のように訪れてくることがありますが、これこそブッダが「光り輝く心、光明心《こうみょうしん》」と呼んだものです。こういう瞬間を見逃さないでそれをしっかり見届けていくことで、坐禅に対する自信や信頼を育てていくことができます。

三、四、五番目のステップは五蓋の生起と消滅についての理解にかかわっています。

貪欲蓋を引き起こす要因は数多くあります。感覚器官が何かに触れてその結果として快感が生じたとき、そのプロセスに注意が向いていないと(つまり気がついていないと)、それまでに身につけてきた習慣的な条件付けが働いてたちまち貪欲蓋のスイッチが入ってしまいます。

お昼時の坐禅中に台所からうまそうな匂いが漂ってくると頭が食べ物のことで占領されて坐禅どころでなくなったり、前日に目にしたとても魅力的な異性のことが忘れられず、坐禅中にその人とのロマンティックな空想が頭から離れなくなるといったことはしばしば経験するでしょう。

しかし、こうして油断のうちに貪欲の思いにばかり心を用いていると、ますますその傾向が身について、そういう思いが起こりやすくなってしまう。何につけても貪欲の思いがいともたやすく起きるというパターンが知らないうちにできてしまうのです。

貪欲蓋を起こす要因としては感覚的な対象物の他に、貪欲の思いが満たされれば永続する幸福が得られるという、根本的な思い違いが挙げられるでしょう。

Aという何か(富、名誉、地位、権力、性的快楽、宗教的達成など)が得られれば幸せになると信じて、長年にわたる犠牲的努力の果てにやっとそれを手に入れたのに、高い山ぐらいの大きな幸せが味わえるはずだという期待に反して、実際に見いだせたのは砂粒ほどのサイズの幸福感でしかなかった、というケースは枚挙にいとまがありません。

それどころか、逆に不幸になってしまうということもしばしば起きています。

そのとき私たちは、貪欲を満足させることが幸せであるという思い込みが誤りであったと思い知らされるのです。程度の差こそあれ、誰もがそれが間違いであったことを教えられる経験をしているのではないでしょうか。

しかし現実には私たちは毎日、貪欲の思いを掻《か》き立てる情報にさらされており、欲望を増大させることは良いことであるという「洗脳」教育を受けています。だからこそ余計に、貪欲がいかにして起きてくるのかを深く理解することが重要なのです。坐禅には、それが可能な条件がそろっています。

坐禅はその意味では「煩悩の研究室《ラボラトリー》」なのです。そこで「未だ生じていない貪欲がどのようにして生じるか」を直《じか》に知る実験を繰り返すのです。

さて次は、すでに起こってしまった貪欲蓋をどうするかという問題です。

仏典では煩悩が神話的な表現で悪魔(マーラ)として描かれていることが多いのですが、ブッダがまさにこれから覚《さと》りを開こうというときに、悪魔がそれを邪魔しようとしてさまざまな妨害工作を試みます。興味深いことにブッダが降魔成《ごうまじょう》道《どう》してブッダ(覚者)になった後も、悪魔はしばしばブッダの前に現れています。

ブッダの前に現れた悪魔はさまざまな問答や誘惑を仕掛けるのですが、ことごとく退けられます。そして、そのときの定型の表現はこうなっています。

「そのとき尊師は『これは悪魔・悪しき者である』と知って……そこで悪魔・悪しき者は『尊師はわたしのことを知っておられるのだ。幸せな方はわたしのことを知っておられるのだ』と気づいて、打ち萎《しお》れ、憂いに沈み、その場で消え失せた。」

ここで言われているのは、「悪魔を悪魔と知る」ということの持つ力ではないでしょうか。「悪魔よ、わたしにはお前がそこにいることがよく見えているよ(わかっているよ)」とブッダに言われてしまうと、もう悪魔は引き下がるしかないのです。

すでに生じている貪欲蓋の存在を知ること、つまり「貪欲蓋よ、私にはお前がそこにいることがよく見えているよ」と言い得ること自体が、自分が貪欲蓋に覆われていないことの証しになるのです。

このように自分の中に今、何が生じているかにしっかり気づいていることによって自己と貪欲蓋の同一化が解体され(自己≠貪欲蓋)、貪欲蓋の本性、つまりそれが無常であり、無我(因と縁によって立ち上がってきた現象にすぎないこと、その背後にそれを統《す》べる自己がないこと)であることが見通せるようになってくるのです。

同時に、自分が貪欲蓋に覆われているか、それともそこから自由になっているか、これを常に冷静に振り返ることを忘れないこと、これもまた大切です。

最後のステップは、どのようにして未来に貪欲が起きないようにするか、という問題です。

三番目のステップによって貪欲蓋がどのようにして起こるのかを知ることができれば、なんらかの賢明な予防的措置を講じることができるようになるはずです。身体的な健康と安寧《あんねい》のために予防的ケアをするように、心に関しても同様の予防的ケアをするということです。

ブッダが挙げているいくつかの方策としては、たとえば感覚の入り口を守ること、つまりそこから何が入って来ようとしているかに注意を向けること、飲食に節度をもつこと、善知識と交わることなどがあります。

「怒りは、要らない」と
しみじみ感じていく

「日常生活のことを忘れるため、そこから逃げるために坐っている」みたいな人たちがいます。坐禅が、逃避の一つの手段になってしまっている。そういう日常生活から遊離したやり方では、何にもならないですよ。

五蓋《ごがい》が現れたときにどう取り組むかについてブッダが説いている五つのステップとは少し違う角度から、やはり五つのステップで説明するB.E.L.L.A.という一連のワークを紹介しましょう。

B.E.L.L.A.というのは「Be《ビー》, Examine《エグザミン》, Lessen《レッセン》, Let go《レットゴー》, Appreciate《アプリシエイト》」の頭文字を並べたものです。

Beというのは五蓋が現れたら、それをまずそこに「在らせる、存在を許す(let it be)」ということです。

それは五蓋に屈服してしまうことでもないし、それに圧倒されて溺《おぼ》れるということでもありません。

五蓋との間で葛藤《かっとう》を起こさないようにして五蓋と一緒にそこにいる。五蓋を自分の都合のいいように変えようという企てやたくらみなしに、ただ親しく触れているということです。

Examineとは「吟味する・調査する」ということです。五蓋のさまざまな側面、それを生起させる条件、それが無くなる条件、五蓋が存在しないときはどのような状態なのか……といったことを探求するのです。

五蓋のさまざまな側面(あるいは成分)というのは、たとえば貪欲蓋《とんよく》の場合、身体的には体が前のめりになっていること、みぞおちが緊張していること、として経験されるかもしれません。

エネルギー的には何かの圧力、落ち着きのなさの奔流《ほんりゅう》のようなものとして感じられるかもしれません。

感情的には、興奮とか喜びとして感じられるかもしれないし、認知的には頭の中で自分に語りかける信念や物語(「あれさえ手に入れば私は幸せになれるんだ!」、「これさえ得られればすべてが解決するはずだ」)として現れているかもしれません。

動機的には行動への強い衝動や、何かに対する執着として体験されるかもしれません。

このようにして五蓋の腑分《ふわ》け、分析をしていくのです。

五蓋の「蓋」は「何かを覆い隠すもの」という意味も含んでいます。こうした吟味を通して、それぞれの蓋が本当は何を覆い隠しているのかを洞察することへとつながっていきます。

たとえば、貪欲蓋は孤独を、瞋恚《しんに》蓋は満たされない欲望を、惛沈睡眠《こんちんすいみん》蓋は恐れを、掉挙悪作《じょうこおさ》蓋は他からの承認を欲していることを、疑《ぎ》蓋は何かにコミットすることへの躊躇《ちゅうちょ》をその背後に隠しているのかもしれません。

このようにして五蓋のさらに根っこにあるものを明らかにすることは、五蓋を乗り越えていくための最も有効なやり方です。

普段の生活においてはそのような深層(真相)への気づきの芽はほとんど無視されていますが、坐禅を正しく行《ぎょう》じていると、人間として自然に良くなっていくというようなことを道元《どうげん》禅師はおっしゃっています。それは坐禅そのものの中に、このような自己洞察の契機が豊かに備わっているからではないかと思います。

Lessenとは「減少させる」ということです。

身心をリラックスさせることは五蓋との葛藤の度合いを減少させることにつながります。

五蓋との関係で自分のどこかが緊張していることに気がついたら、そこを緩める。あるいは心を鎮《しず》めるような働きをもつものに意図的に注意を向けることが有効です。

五蓋の解毒剤《げどくざい》になるようなものに集中すること、たとえば瞋恚蓋に対しては慈悲の心をもってすることでその強度を減少させることができます。

Let goとは「去ろうとしているものを去らせる」ということです。

五蓋の言い分に耳を傾け、そのメッセージをちゃんと聞き届けたら、もう五蓋はそこにとどまる必要がなくなるから、自ずと消えていく。だからこちらは何も造作はいらないのです。

去ろうとしている五蓋の邪魔をしないことです。

Appreciateとは感謝し味わうということです。

五蓋が去ったときの状態の素晴らしさや喜び、心地よさを体験としてしっかり自分の中に落とし込むことです。

五蓋から解放されたときの快感や内的活力のほうが、貪欲蓋や瞋恚蓋がもたらす一時的な感覚的快感や不健全な活力感よりはるかにましだということが実感として把握できれば、私たちの心は五蓋に束縛されるより、それから自由であることのほうを自ずと望み、そちらを選ぶようになっていくはずです。

このB.E.L.L.A.というワークはスリランカ上座部仏教(テーラワーダ仏教)の瞑《めい》想《そう》の世界で言われていることなのですが、坐禅にも益するところは大きいでしょう。ですから、これからお話しする瞋恚蓋に当てはめて考えていただければと思います。

瞋恚とは「怒り」であり、貪欲蓋も瞋恚蓋も私たちの注意を過剰に引きつける対象をもっていることが共通しています。

それは、私たちの欲望あるいは敵意・害意が向かう対象のことです。そういう対象に心がすっかり占領されてしまうので、自分の注意を何に向けるかを選ぶという自由を失ってしまう。貪《むさぼ》りや怒りの対象に心が固着してしまい、頑《かたく》なになって他のことが手につかなくなるのです。

こういうとき、瞋恚蓋の場合でいえば、自分が敵意を向けている相手・対象から注意を移して、瞋恚そのものに注意を向けかえようと積極的に思う気持ちが大事になってきます。

重要なのは、果たしてそれができるかどうかではなく、そうしようと思うかどうか、ということです。それがなければ瞋恚蓋に取り組むワークがそもそも始まりません。

私たちは普通、瞋恚の対象に注意が固着しているために、その対象をどうしてやろうかということばかりに心を使っています。そのことしか頭に浮かばない。

これが瞋恚に覆われている状態なのです。

瞋恚蓋のワークは怒りの向いている対象のほうではなくて、自分が陥っている瞋恚という状態そのものを「廻向返照《えこうへんしょう》」するところからスタートします。これこそが仏教が説いている内観《ないかん》の道なのです。


良い悪いの判断(たとえば、怒りをもっている自分は悪い人間だと思う)をいったん差し置き、短絡的なリアクション(たとえば、怒りをもっている自分自身に対してカッとなる)を起こさないようにして、瞋恚を注意の中に留めておく。これは、B.E.L.L.A.のワークでいえば最初のB(Be)に当たります。

そこでは、自分の怒りについてあれこれ考えるのをいったん止めて、怒りそのものを身体感覚のレベルで感じるということがかかわっています。

体全体に注意を広げ、オープンでのびのびした、そしてできることとならなるべくリラックスしたやり方で、そこにある身体感覚を受けとめるのです。

瞋恚蓋は貪欲蓋とともに、「魂のカフェイン」と呼ばれています。

あたかもカフェインを摂取しないと活力が湧いてこない人たち（カフェイン依存症）のように、自分が生きるためのエネルギー源、動機づけ、あるいは人生に取り組む熱意の源として、貪りや怒りに依存しているような人たちがいます。こうした人たちにとっては貪りや怒りのない人生はなんとも平板で、退屈で、孤独で、時にはそらおそろしいものにすら感じられることでしょう。

しかし、仏教は、貪りや怒りが人生にどのくらいの損害をもたらしているか、どれほど人間関係を損なっているか、いかに自分の居心地を悪くしているかを冷静に計測してみることで、怒りを糧《かて》にして生きることが果たしてそれだけの価値があるのかどうかをじっくり見届けて、瞋恚蓋を（反面）教師として、別の生き方を模索するようにと教えています。

瞋恚をもっていること自体は個人的な過失ではありません。それは人が生きていることに伴う、人生にとって当たり前の一部です。

要はそれに支配され振り回されないことです。振り回されると瞋恚が蓋となってしまいます。

たとえ瞋恚があっても、それが蓋とはならず、そこから自由であり得るというスタンス(構え、姿勢)を学ぶ道が、坐禅の中に開かれているのです。

うとうとと
眠くなっても
うろたえない

心の「沈み」があるときには、池の藻が成長し過ぎて繁茂しているようなものです。私たちの心の中に、ものをはっきりと見ることを妨げる停滞やよどみがあるのです。

五蓋の第三は惛沈睡眠蓋《こんちんすいみんがい》、読んで字の如く、「心が沈んで眠くなること」です。私の師匠の師である内山興正《うちやまこうしょう》老師がよく「考え事を続ければそれは考え事をしているのであって、坐禅しているのではないし、居眠りをすればそれは居眠りしているのであって坐禅しているのではない。自動車運転と同じで居眠り運転では生命が呆《ぼ》けてしまうので危ないし、考え事運転では生命が凝《こ》ってしまうので、これも危ない。居眠りせぬよう、考え事にならぬように、生き生きと覚めて安全運転でいかなければならない」とおっしゃっていましたが、坐禅を自動車運転にたとえるなら、惛沈睡眠蓋は「居眠り運転」のようなものにしてしまうのです。

惛沈睡眠蓋とは坐禅をちゃんと続けようというやる気をくじき、努力を妨げるように働く力のことです。

坐禅をしていて、何かがこうあってほしい(あるいは何かがこうあってほしくない)という突き上げるような衝動の度合いが低くなってくると、今度は惛沈睡眠蓋が生じてきて、私たちを生き生きとした坐禅の営みから引き離し、うとうととした居眠りへと陥らせようと働きだします。

この惛沈睡眠蓋は実際にはいろいろな現れ方をします。

「惛沈」はどちらかというと、体から活力が抜けてしまったような状態を指し、体が重く鈍く感じられ、気力が湧かず、疲労感が感じられ、坐禅を維持する力が弱まってしまいます。

「睡眠」のほうはどちらかといえば心的エネルギーがレベルダウンしたり欠如した状態を指し、心の働きが鈍り、意識に雲がかかったようになり、やる気がなくなり、思考の中を容易に漂うようになります。

惛沈睡眠蓋に覆われているときは、あたかも深い泥の中を重い足取りで歩いていくときのような感じがする。時には自分がそういった状態に陥っているということすら自分自身で気づくことができないほど、ひどくこの蓋に覆われてしまうこともあります。

また、惛沈睡眠蓋は、自然で生理的な眠気や疲労とは区別する必要があります。

普段目が回るように忙しく、スケジュールに追い回されるような生活を送っている人が坐禅すると、まずたいていは眠気や退屈感に襲われます。そういう人は他人とのやり取り、インターネットとの接続といったような外から来る刺激や緊張のエネルギーを主要な燃料にして自分を覚醒させているからです。

だから坐禅をするときのように静かで気を紛らわすものが最小限にまで取り除かれている場に坐ると、眠気や退屈感があたかも「禁断症状」のように出てきます。

しかし、ここで言う惛沈睡眠蓋はもっと性質《たち》が悪い。気持ちがくじけてやる気がなくなった感じ、挫折感、退屈感、無関心、断念、どうしようもない無力感、懶《ものう》さ、意気消沈、抵抗感といった、微妙で心の深いところにある、私たちが坐禅に取り組むときの全般的態度にかかわっています。

だから必ずしも本人にエネルギーが本当に無いというわけではありません。ただ、そのエネルギーにアクセスができなくなっているだけという場合が多いのです。

その証拠に、条件が変わったとたんに、どこかに隠れていたエネルギーが再び現れ出すことがあります。それはたとえていえば、本人にはまったく興味のない買い物に、親についていて嫌々来た子どもが「もう疲れた。動けないよ〜」と言ってへたり込んでいても、「アイスクリームを買ってあげるよ」と言われたとたんに、がぜん元気になるようなものです。

実際に発揮されるエネルギーのレベルというのはその人が今、自分の置かれている状況に対してどのような態度をもっているかに大きく左右されます。

今、取り組んでいる坐禅を自分はどのように理解し、どのような態度で臨んでいるのか。その理解や態度が微妙な形で無気力や倦怠感《けんたいかん》をもたらします。

自分が自分に語っている物語（たとえば、「私がこんなに坐禅に苦労している間に、あいつは今頃あんなことをして楽しんでいるんだろうなあ。羨《うらや》ましいな」）が坐禅に必要な活力を消耗させ、削《そ》いでいくのです。

坐禅は退屈なものだと思い込んでいるところからも、惛沈睡眠蓋が生まれてきます。こうした思考はたやすく、挫折感、自己憐憫《れんびん》、無益感(自分が何の意味もない、くだらないことをやっているような気分)へと発展し、ますます活力を枯《こ》渇《かつ》させていきます。

しかし、もともと退屈なことなど実は客観的には存在していません。退屈というのは、こちらの心が作り出している主観的判断に過ぎないのです。こうした思考の流れに積極的に与《くみ》することなく、その存在に気づき、手放していかなければ、活力の漏れを止めることはできないのです。

坐禅をしても、当初自分が望んだり期待したようなことが起こらないので物足りなく感じたり、自分としてはこれだけがんばってやっているのに、何の役にも立っていない感じがもとになって惛沈睡眠蓋が醸成されていくこともあります。

それとは逆に、「何もしないでじっと坐っているだけの坐禅なんか簡単、簡単。自分はうまくやっているさ」という安易な自己満足がもとになって懈《け》怠《たい》、そして惛沈睡眠蓋が生まれることもあります。

「私の坐禅には何の問題もない、すべてがオッケー」と坐禅を甘く見て、油断してそこにあぐらをかいてしまうと、居眠りのほうに流されてしまいがちになるのです。

時には、坐禅の中でふいに、自分にとって未解決の重大な問題とか非常に不快な感情とかが、心の深層からあぶくのように湧き上がってくることがあります。そういうときに湧き上がってきたものと向かい合うことを避けるために、いわば「逃げの一手」として眠り込むことが起こる場合もあります。

自分がその問題や感情にきちんと向かい合うにはまだ時期尚早であるかもしれないので、こういう場合は繊細な注意が必要です。惛沈や睡眠が繰り返し起きてきても、それにめげないでできる範囲で坐禅を辛抱強く続けることが大切です。

自分の中の何かが、そういった人生上の問題やそれにかかわる感情に直面するベストのタイミングが訪れるのを見計らってくれているから、それを信頼してそのときがくるのを待ちつつ、今は誠実に坐禅を続けていればいいのです。

慢性的な興奮や緊張は人を大いに疲れさせます。過剰に活発な活動は、実際の疲労を覆い隠して見えなくさせるために、多くの人は自分が深いところでいかに疲れているかに気づくことができません(過労死がその例でしょう)。

坐禅のとき、深いところに隠れていた蓄積された疲労が表に出てきて、初めてそれに気づくこともあります。しばしば接心《せっしん》(集中的坐禅合宿)の最初の数日間に特に強く体験される惛沈睡眠蓋は、こうした慢性的疲れからの回復の現れといえるかもしれません。

ここまで惛沈睡眠蓋のさまざまな現れ方を思うままに挙げてみましたが、惛沈睡眠蓋というのは、坐禅中の単なる眠気の問題にとどまらない広がりと奥行きをもった大きな問題だということが実感されてきたのではないでしょうか。

惛沈睡眠蓋は、何か自分がチャレンジング(能力が試される)で困難な状況に立たされると、いつでもそこで尻込みし、そこから退却し始める傾向と深いところでつながっています。

つまり、惛沈睡眠蓋というのは、現実がどうであろうとも、それときちんと向かい合うということを微妙な仕方で回避するための策略ではないのかと、私は思うのです。

では、坐禅中にこのような惛沈睡眠蓋が生じてきたとき、まず最初の課題は、これまでの蓋《がい》と同じく、その存在にはっきりと気づくこと。そしてそれに抗《あらが》って争わないことです。

特に眠気の場合は、それを理由に持ち出して坐禅を中断しないことが大切です。せっかく、眠気が出てきてくれたのだから、それを学びの好機として活かし、惛沈睡眠蓋を修行の糧《かて》とする工夫を続けていかなければなりません。

活力のレベルというのは生理的に上がったり下がったり自然に変化しているので、坐禅に眠気はつきもので、遅かれ早かれ現れてくるものだから、眠気があるからといって、やる気をくじいてはならないのです。

活力のレベルが高い、低いにかかわらず、坐禅するべきときが来たらベストを尽くして坐禅をするというのが基本原則です。

眠さを嫌わずに、かといって眠さにおもねることなく、それと一緒に坐禅する工夫を開拓していく。それは、惛沈睡眠に坐禅が飲み込まれるのではなく（そうなると蓋になってしまう）、坐禅の中に惛沈睡眠を惛沈睡眠として在らせるということを意味します。

みだりに動きまわる心を「追うな、払うな」

心の浮《うわ》つきは風によって池の水が掻《か》き回されているようなもの。心が掻き立てられて七転八倒しているのです。こういう状態を「意馬心猿《いばしんえん》」と呼びます。まるで馬が走り回り、猿がせわしなく騒ぎ立てるようなものです。

「惛沈睡眠蓋《こんちんすいみんがい》」が、エネルギー(活力)のレベルが極端に低くなって心が重く沈んでいる状態であるのに対して、掉挙悪作蓋《じょうこおさ》はその逆で、エネルギーが収拾のつかないほど高まって興奮状態になり、心が高ぶりさわぎ動き回る状態をいいます。

掉挙悪作蓋に覆われた心は、せわしなく一つのことからすぐさま他のことへと気を移らせ、静まることもなく落ち着くこともないということです。

「掉挙」というのは高ぶり興奮し浮ついた心のことをいい、「悪作」とは後悔する心のことです。悪作は伝統的には「これまでに行ったこと、行わなかったことに対する嫌悪から生じる後悔」と定義されていますが、過去に対する後悔だけに限定せずさらに意味を広げて、「思い煩《わずら》い」というふうに理解したほうが、坐禅をする人にとってより親しいでしょう。

ですから、想像された未来に対するさまざまな不安とか自分の自己像(自分はこうあるべきだというイメージ)を脅《おびや》かすような人や出来事に対して、あれこれと気を揉《も》んだりといったことも悪作の中に含めてお話ししていきます。

掉挙悪作蓋は実にさまざまな現れ方をします。たとえば、身体的には人をじっとさせておかないような、エネルギーが不快感を伴って体の中を流れるような感じがしたり、人を絶えずそわそわとさせたり、落ち着きなく動かしたり、立ち上がらせたりするような抗しがたい衝動が湧いてきたり、カフェインを摂り過ぎたときのように体が震えたり、何かの刺激ですぐにせわしなく動きだしたりする、というようなことがその例です。

心理的には、とりとめのない考え事にふけったり、自分ではそうしたくないにもかかわらずある事柄にずっとしつこく考えが居ついたり、というようなことが起きます。あるいは、絶えず気が散って一つのことに集中できないような状態、つまり心がどこかに落ち着くことができず、そこかしこへとジャンプし続ける、というような状態がその例です。

皆さんも、実際に坐禅をしているとき、今例として挙げたような身体的、あるいは心理的な掉挙悪作蓋の働きを体験したことがあるかもしれません。

私が挙げたのはほんの一例に過ぎないので、この他にもさまざまな現れ方があるはずです。そのような坐禅における自身の掉挙悪作蓋の実例を列挙することを通して、掉挙悪作蓋に慣れ親しんでよく見知っておくことが大切です。何度も言うように、五蓋は「五蓋と知られる」ことによってその支配力を失い、消え失せていくからです。

ただし、ここでいう「知る」というのは、単なる知識として頭で知るという意味ではなく、「体でうなずく」というような、もっと実感が伴った身体レベルでの知り方です。その意味での「知る」をさらに細かく、R.A.I.N.という頭文字で表される四つのセットになった取り組みを紹介しましょう。

R.A.I.N.はアメリカのヴィパッサナー瞑想《めいそう》(南方仏教の瞑想法)の指導者であるミシェル・マクドナルドさんが提唱したもので、RはRecognize《レコグナイズ》(起きていることをそれと認識する)、AはAllow《アラウ》(今の体験をありのままに在らせておく)、IはInvestigate《インヴェスティゲイト》(好奇心と思いやりをもって探究する)、NはNon-identify《ノンアイデンティファイ》(経験と自分を同一視しない)という意味です。

坐禅の中で掉挙悪作と目されるような現象が起き始めたら(つまり、自分のしている坐禅が考え事のほうに引きずられて、坐相《ざそう》のどこかに微妙な凝《こ》りが生じてきたら)、そういうことが起きているということに気づく(R)。そのことに対してすぐさまリアクションを起こさず、一歩引いてただその現象を観察します。

考え事のストーリーの中にずっぽりと入り込まないようにして、たとえば「今、自分の心に『あいつが私にあんなことを言ったのはどうしてなんだ?』という考えが浮かんだ」と観るのです。

そして、そのようにしたときに浮かんできた考えを、たとえ不愉快なものであっても、なくそうとか変えようとしないでそのままそこに在らせておく(A)。

そのとき自分の体にどのような身体感覚が感じられているか、感情の状態はどうか、どのような思考が立ち上がっているか、といったことを精査する(I)。

これらR-A-Iの3つの上にNがあり、つまり考え事と自分を切り離すことが可能になるのです。考え事は自分の全体ではなく、自分の存在の一部にすぎないことを洞察するのです。

さらに、掉挙悪作（心の浮つき、考え事）という現象はいわば自分の支配下に属するものではなく、無量無辺《むりょうむへん》の縁起《えんぎ》の流れから自ずと立ち現れ、そして消え去っていく無常にして無我なものであることを実際に観ていきます。

「非思量《ひしりょう》」というのはそういうあり方のことを指しているのであり、「思量箇不思量底（箇《こ》の不思量底《ふしりょうてい》を思量す）」というのは、立ち上がってきた思考に対して「私は（I）」とか「私の（ｍｙ）」とか「私のもの（ｍｉｎｅ）」という余計なタグ（名札）をつけないで、どこまでも自然現象として流れるままにしておく努力を意味しています。

take~personallyという英語表現があります。「~を個人的に受けとる、~を個人に対する言動、あてこすりと受けとる」というような意味です。この表現を借りるなら坐禅では、take nothing personallyという態度が大切です。つまり、どんなことでも個人的なこと、私的なこととして受けとらない。どのような経験であってもそれを宇宙的な現象という広がりの中で受けとめるということです。

掉挙悪作にそういう個人的なタグをつけて対象化・実体化したとたんに、身心に緊張や、ストレス、苦痛が生じてきて、それが蓋になってしまうのです。

坐禅中に浮かんでくる思念に対して、古来「追うな、払うな」というアドバイスがなされてきたのも、それを相手にして何かしようと企てたとたんに逆に囚《とら》われ、それに足をすくわれてしまうことになるからです。

R.A.I.N.のワークを通して、掉挙悪作があくまで一時的自然現象であり、こちら側から「追う」とか「払う」といった余計なことをしてさらにエネルギーを注がなければ、掉挙悪作それ自身の無常性に従って、いずれは必ず落ち着いてくるのを辛抱強く見守りながら(つまり坐禅を続けながら)待つ、というのが「追うな、払うな」ということの意味でしょう。

それができているときには、掉挙悪作は掉挙悪作としてありながらも、少しも蓋にはならず、坐禅がどこまでも広大で平安な空間としてそこにのびのびと開けているのです。

R.A.I.N.はいわば、坐禅の調心《ちょうしん》(心を調えること)の営みをさらに細かく述べたものだと言っていいでしょう。しかし、実は調心は心の営みとしてそれ単独でできるものではありません。それを実質的に下支えしているのが、正身端坐《しょうしんたんざ》（身体がしっかりと床にグラウンドし、身体の軸が重力の方向にきちんと沿って立ち上がっていること。接地性と垂直性の調和）という調身と鼻息微通《びそくびつう》（鼻を通して空気が出入りし、微かな感覚を生み出しながら全身で呼吸がなされていること）という調息の努力であることを忘れてはなりません。

ブッダの言葉が疑わしくなる瞬間が来る

あいまいさ、半信半疑、優柔不断、ためらいといった「疑い」は泥水のようなもの。底を見ることができず、すべてが不明瞭になっています。頭の中で妄想するだけになると、そういう推測がいつしか事実になってしまいます。

五蓋《ごがい》という身心の状態は不幸な出来事でも坐禅の失敗の証拠でもなく、むしろ坐禅が坐禅になりつつある良い兆候だといえます。

さらにいうならば、五蓋を恐れ、恥じて、それを避けて進んでいくのではなく、むしろ五蓋の中をくぐり抜けていくことができれば、それは坐禅を一層深めていくためのまたとない好機にもなり得るのです。

五蓋の中で最後に挙げられている疑蓋《ぎ》は特にそのことが当てはまるように思います。この疑蓋に取り込まれてしまうと、坐禅そのものが断絶してしまう結果になりかねません。その意味では五蓋の中でももっとも重要な意味をもつ蓋だといえるかもしれません。

「疑蓋」という言葉の中で使われている「疑」という漢字は、仏道の探究、修行を進めていくうえでの一側面としての「疑い」を意味することもあります。それは教えとして聞いたことをそのまま盲目的に信じたり、鵜呑《うの》みにしたりしないで自分の体験を通して注意深く吟味することを動機づけるポジティブな力になるので、禅では「大疑《たいぎ》」とか「大疑団《だいぎだん》」と呼ばれ、修行に必須のものとして重要視されています。

しかし、ここでいう疑蓋はそれとは別の、あいまいさ、半信半疑、優柔不断、ためらいといった精神状態のことで、道の分岐点に立って、どちらへ進んでいったらいいか迷っているような状態を指します。いつまでたっても選択肢の間を行ったり来たりしてよろめき続け、どこにも進んでいかない。大疑団が人を前に押し進める力になるのとは正反対に働くのが疑蓋なのです。

そのような疑蓋は実にさまざまな現れ方をします。たとえば、2500年以上も前に日本から遠く離れたインドで興った仏教が、果たして今の自分に意味があるのだろうか、そもそもブッダは本当にそんなことを言ったのだろうかといった、教えの適切性・妥当性に対する疑いとして現れるときもあります。

こういう疑いも、それがさらなる探求心を駆動するような深い問いになっていくならば有益な疑いとなるでしょうが、そうではなく優柔不断さや混乱、あるいは学びの扉を閉ざすような結果を招くときには、疑蓋になってしまうのです。

仏教の中核的な教えの多くは、私たちの常識的な見解や人情に反するようなものが多いので、深く理解しようと努力せずに自分の基準に照らしてそれをはねつけてしまいがちです。

坐禅に関していえば、「無所得《むしょとく》　無所悟《むしょご》(得るところも悟るところもない)」という何物も求めない態度でただ正身端坐《しょうしんたんざ》することだけで良いといった幽邃《ゆうすい》な教えが私たちにはすぐにはピンと来ないので、それが疑いの種になっている場合が多いのではないでしょうか。

「こうやってじっと坐っていることに、いったい何の意味があるのだろうか?」、そうして坐禅をやめてしまって別なことをやり始めたり、他の修行法に目移りしたりすることになるのです。

さらに重篤な疑いは自分自身への疑念です。「自分は正しく坐禅ができているのだろうか(できていないんじゃないのか)?」、「坐禅は難しい(私には向いていいない)」、「今はこれをやるときではないのかもしれない(今じゃなくてもっと先の将来にやればいいんじゃないか)」等々、今、現に坐禅をしている自分の耳にこういう声が聞こえるのです。

こうした自分自身への疑念は、坐禅修行だけでなく人生全般にかかわるような大きな蓋になってきます。

そういう疑問を実地の行動で試して、自分自身の経験を通して晴らしていくのではなく、頭の中だけであるかもしれない、こうかもしれないと推測、妄想するだけになってしまうと、現実には何も行動していないことと変わりないので、そういう推測がいつしか自分にとっての事実になってしまいます。「ああ、やっぱり思った通りだった」という自己実現的予言の実例になっていくのです。

疑蓋のやっかいなところは、そういう疑いの思いがたいてい、「もっともらしい」装いをしているという点でしょう。

教えに対する疑い、修行に対する疑い、自分に対する疑い、あるいは自分の師や先達《せんだつ》に対する疑いはどれも理にかなっているように見えるし、賢明で説得力のあることのように聞こえてくるものです。だから、それを疑蓋だと見破ることはそう容易なことではないのです。しかも、そういう疑念はしつこく何度も際限なくささやきかけてきます。

ですから疑蓋に対する第一歩は、それが生じてきたときに、その巧妙な偽装工作を見抜き、疑蓋を疑蓋としてはっきり認識するということになります。

そのためには普段から自分の思考パターンを観察して熟知しておく必要があります。自分の中のどこかに何かの拍子でスイッチが入る疑蓋製の録音テープのようなものがあると承知しておくのです。

「自分にはできない」というラベルの付いた疑蓋用テープ①、「ちゃんとできていない」というラベルの付いた疑蓋用テープ②、「これに何の意味があるんだ？」というラベルの付いた疑蓋用テープ③……という具合です。

こういうふうに扱うことができれば、「ああ、また○番の疑蓋用テープのスイッチがオンに入ったな」と気がつくし、「いつものやつだな。そのうちオフになるだろう」とそれほど囚《とら》われなくなるはずです。

これは五蓋のすべてに共通することですが、疑蓋を無視したり、それを抑圧するのは賢明なアプローチではありません。これまでに何度も強調してきましたが、それにしっかり直面して取り組むという態度が大切なのです。

今自分は、坐禅に対してどのような疑いを心に抱いているのか？　坐禅の背景にある教えに対する疑いはないか、坐禅をする自分の力量に対する疑いはないか、坐禅の功徳《くどく》に対する疑いはないか、そういう疑いが自分にどのように影を落としているか、どのように邪魔をしているか、そういったことを熟考してみるのです。

また、自分の場合、どのような状況、条件、考え方が疑蓋を引き起こすのか、その原因を振り返ってみることも必要でしょう。坐禅が思い通りにうまくいかないとか、どう実行していいかわからないとか、坐禅に関して言われる教えがどうも理解できないとか、そういうことが疑蓋を引き起こしてはいないかを詳しく点検していくのです。

こういうアプローチをとるなら、疑いが疑蓋へと成長することなく、むしろ修行や理解を深めてくれる原動力になっていくはずです。

さらに、こういう作業は一人で孤独に進めるものではなく、坐禅会の輪の中でなすほうがいいでしょう。会の参加者との交流の中で、疑蓋の手から脱する手掛かりが得られることが多いのです。疑蓋にとっては、当人が自分の頭の中だけに閉じこもってウジウジと悩んでいるのが一番都合が良い状態なのです。

心に汗をかかない坐禅を探していけばいい

問題があるときには、まず問題の存在をはっきりと自覚して受けいれ、その問題の成り立ちを徹底的に知ることを通して、問題から自由になる道を発見する、というのが仏教流の問題解決法です。

坐禅中に五蓋《ごがい》がいろいろな装いをもって立ち現れてくるということ自体は、決してまずいことではないし、失敗を意味することでもありません。むしろ、貴重な学びのチャンスが到来した、と肯定的に思えばいいのです。

ある意味、坐禅する当人が学ぶべきことを学び終えるまでは、いつまでも繰り返し繰り返し現れてきて、「このことについてしっかり学べよ」と励まし続けてくれる親切な教師(善知識)だともいえます。

五蓋が現れてきたことをもって、自分を責めたり、それを無視したり、抑圧したりするのではなく、それを学道の糧《かて》とするべく、賢明な仕方で触れていかなければなりません。触れるというのは、引っ張り込むのではなく、また押し返すのでもなく、それと一緒にいて、交流を通して深く見、そして知るということです。

しかし、煩悩《ぼんのう》に触れるというのは、言うのは簡単ですが、実際に行うのは実に難しいことです。非常にデリケートな作業で、下手をすると、これまで長年にわたって培《つちか》ってきた習慣的パターンが知らないうちに作動して、触れるどころか、煩悩の流れに巻き込まれ溺《おぼ》れるか、それを相手に格闘を始めてしまうことになります。
坐禅が、「安楽の法門」ではなく、struggle《ストラグル》（悪戦苦闘、骨折り、もがき、あがき）になるのはそういうときです。身心はあえぎ、もがいて、心に汗をいっぱいかいてしまう、坐禅とも呼べない代物《しろもの》になってしまうのです。

ここで気をつけなければいけないことがあります。いったん煩悩をその望ましくないstruggleの原因だとして認めると、その原因をなくさなければという、もう一つのstruggleが生まれてしまうということです。

「煩悩がなくなった自分」が理想として掲げられ、いつかはそこに到達するという「期待」に導かれて、坐禅をコントロール・モードで行うようになってしまう。期待をもったとたんにそういう構造が否応なく出来上がってしまい、その中での努力が始まっていくのです。

つまり、煩悩それ自体がstruggleの原因なのではなく、煩悩が五蓋という形をとって立ち上がって来たときに、それにどう応答するかというその関係のもち方こそが、struggleを生み出しているのではないかと思うのです。

そして、そういうstruggleを生み出さないような関係のもち方として整理されているのが、先に紹介したR.A.I.N.なのです。ここで、その処方箋《しょほうせん》を改めて見てみましょう。

Recognize《レコグナイズ》（起きていることをそれと認識する）、Allow《アラウ》（今の体験をありのままにあらせておく）、Investigate《インヴェスティゲイト》（好奇心と思いやりを持って探究する）、Non《ノン》-identify《アイデンティファイ》（経験と自分を同一視しない）。どの動詞をとっても、五蓋をなくせとか、変えろとか、取り除けといった、struggleを生み出すような指示ではないことに注目しなければなりません。

共通しているのは、五蓋を五蓋のままでそれに親しく触れていくということです。リラックスし、よく見て、それがそこにそうして在ることを許すというのだから、struggleになりようがないのです。

では、最後に考えてみたいのは、R.A.I.N.の反対とは何かということです。私たちが何かを理解しようとするときには、その反対物のことを考えてみることが役に立つ場合があるのです。

Recognize(今起きていることを認識する)の反対は、今、身心に起きていることをクリアに見ないということです。「今ここの自己」から目をそらし、今ではないいつか、ここではないどこかに自分を思い描いている。「惑わす、だます、たぶらかす、思い違う」という意味のDelude《デリュード》という単語が当てはまりそうです。

Allow(今起きていることをあるがままに任せておく)の反対は何でしょう。私たちは今起きていることに「イエス」とは言わないで、いつも何かしらの文句や注文をつけ不平や不満をもらしています。それは事実を否認して、抵抗しようとしていることだと言えるので、Resist《レジスト》(抵抗する)が適当ではないでしょうか。

三番目のInvestigate(何が起きているかを詳しく調べる)は、recognizeというステップよりもさらに詳細を知ろうとする好奇心、興味を意味しています。ですから、その逆というのは、興味がなくなって退屈して、そのような関心が失われている状態であり、今何をすべきであったかということが忘れられている、無気力で無関心なあり方でしょう。これは動詞ではなくて、Oblivious《オブリヴィアス》(気に留めない、眼中にない)という形容詞で表されるのではないでしょうか。

最後のNon-Identify(今体験している感情や思考や、物語を自分と混同させない)というのは、「長空不礙白雲飛(長空は白雲が飛ぶを礙《さまた》げず)」という禅語が象徴的に表現しているように、現れては消えていく雲に自分を同一化させることをしないということです。雲が現れたり消えたり、移動したりすることを邪魔しないで、悠々とそれを受けいれている大空のようでいるのです。雲と自分を同一化したらそういうことはできません。

仏教では、長空のような開かれたあり方こそが私たちの本来の心のありようだと言われています。それは、「大心《だいしん》」「真心《しんじん》」というようにさまざまな呼び方をされています。だからR、A、Iの三つがちゃんと実行できていれば、最後のNは意図的に何かをするというよりは、その自ずからなる結果としてそこに訪れてくるのです。

ここには「小心《しょうしん》」「妄心《もうじん》」の特徴である自我のコントロールが入り込む余地が

ありません。だからその反対は、すべてを自分中心にして意味づけ、周りをコントロールしようとするPersonification《パーソニフィケイション》（私事化《わたくしごと》）という語が当てはまるでしょう。

したがって、R.A.I.N.の反対のセットは「D.R.O.P.」ということになります。レイン（雨）に対してドロップ（落ちる）になるのです。

D.R.O.P.に共通しているのは、今起きている経験に直面することを回避して自我を防衛しようとする防衛機制であるということです。私たちは放っておけば、本能的にD.R.O.P.という反応のセットで、経験、特に嫌な経験に出合おうとする傾向があります。その傾向のままで坐禅に取り組むからstruggleになるのです。

だから、私たちが坐禅を正しい方向において稽古するということは、D.R.O.P.の反応（リアクション）のセットからR.A.I.N.の対応（レスポンス）のセットへと、経験との出合い方をシフトしていくことを稽古するということになります。「心に汗をかかない」安楽の法門としての坐禅は、こういうラディカルな取り組みのシフトを通じてもたらされるのです。

もちろん、このシフトは坐禅に関してのみいえることではなく、人生一般についても拡張することができます。いわば、人生という本番でR.A.I.N.を発揮するための稽古を、私たちは坐禅の上で行っているともいえます。

坐禅で培《つちか》われる力によって、みなさんがそれぞれの人生を意義深く、充実して生きていかれることを願っています。

おわりに

この本は、大和書房の編集者から「誰もが直面する対人関係の悩みを、仏教というのは、いったい、どう解決してくれるのか。禅の立場に立つ一照さんにいろいろ聞いて、それを本にしたい。そして、いま仏教を学んでいる、ごく限られた人たちだけでなく、仏教にまったく関心のなかった人たちにもじゅうぶん参考になるような本を作りたい」と熱心に頼まれたことから、始まりました。

私は、「仏教にまったく関心のなかった人」でも興味をもって読めるような、仏教を基にした本はどうやったらできるのか、そのチャレンジに興味をひかれて、「じゃあ、やってみましょうか」と、彼の熱意にほだされてひきうけてしまいました。

そういうなりゆきで、私が管理している神奈川県・葉山の別荘で数度にわたり、いくつものテーマに沿って彼から問われるままに話したことを、全部書き出してもらいました。それが、この本の土台になっています。それだけではなく、これまでメルマガや雑誌で私が発言してきたことを抜き出し、手を入れ、それも加えて、こうして本となって世に出ることになりました。

彼が持ってきた原稿を読んでいると、確かに自分の言ったり書いたりしたことでありながら、微かな、でも確かな違和感を覚える箇所もあって、大幅な書き直しの必要を感じたこともありました。書き下ろしや対談本とは違って、こういう本の作り方は思ったよりはるかに難しいものでした。

でも、最終的には、「人生上の諸問題」、つまり私という個人の人生を生きていくうえでぶつかるあれやこれやの悩みごとをどう解決していけばいいのかを鮮明にするかたちを維持しながらも、それをジャンプ台として「人生そのものの問題」、つまり私は何のために存在し、生きているのかといった、もっと根本的な問いの探求を深めていくことを促すような本に仕上がったと自負しています。

これまで何度も繰り返しお話ししてきたように、仏教では私たち普通の人間(凡夫《ぼんぷ》)のあり方を「自己の正体を見失っている状態」ととらえています。

自分という存在は根源的に与えられたものであり、みずからの手でそれを作ったわけではありません。仏教ではそれを「生かされて、生きている」といいます。「生かされて」が基本にあり、そのうえで「生きている」わけです。

生かされているところでは、あらゆる存在が全部つながり合い影響し合っているのですが、生きているところは個々それぞれユニークなあり方をしています。ところが、ほとんどの人は生かされていることをすぐ忘れてしまいます。自分が生きていることの土台を見失ってしまうのです。「生きている」というところだけしか見えず、自分中心的にもっとましな人生にしたいと思う。これが苦悩の源なのです。

苦悩に背を向けて逃げ出そうとするのではなく、自分の抱えているいろいろな問題は、自己の正体を見失っているところから派生しているのではないかと、苦悩のありのままの姿を細やかに吟味する。すると、自分ではコントロールできないこと、あるいはそもそもコントロールする必要のないことを、無理やりにコントロールしようとしている自分に気づきます。そこから、苦悩のカラクリについての洞察が生まれてきます。

苦悩から逃げるのではなく、それに向き合い、理解することでそれを乗り越えていくのです。

生かされて生きている自分の姿を、冷静にじっくりと見直すこと。そうすれば、たいして心配しなくてもいいことが結構あると自然にわかってきます。

知らず知らずのうちに生きる前提にしてしまっているような、吟味されない思い込みや誤解を、徹底して吟味し、整理し、明らかにしていく。そこからすべてが新しく始まっていくのです。

みなさんは、こういう私からのメッセージをどう受けとめてくれるでしょうか？

藤田一照（ふじた・いっしょう）
1954年、愛媛県生まれ。東京大学教育学部教育心理学科卒業。東京大学大学院教育学研究科教育心理学専攻博士課程を中途退学し、兵庫県にある曹洞宗の紫竹林安泰寺にて得度、僧侶となる。
1987年よりアメリカ合衆国マサチューセッツ州西部にあるパイオニア・ヴァレー禅堂に住持（住職）として渡米、近隣の大学や仏教瞑想センターなどで禅の講義や坐禅指導を行う。2005年に帰国。2010年より2018年までサンフランシスコの曹洞宗国際センター所長（第2代）を務め、グーグル、スターバックス、フェイスブック、セールスフォースなど、アメリカの大手企業でも坐禅を指導。
現在、三浦半島の葉山を拠点に坐禅会、講演、執筆などを行なっている。

本作品は2018年11月に刊行された『禅僧が教える 考えすぎない生き方』を改題し、再編集して文庫化したものです。

だいわ文庫

禅《ぜん》 心《こころ》を休《やす》ませる練習《れんしゅう》

著者 藤田《ふじた》一照《いっしょう》

二〇二一年五月一五日第一刷発行

発行者 佐藤 靖
発行所 大和《だいわ》書房
東京都文京区関口一―三三―四 〒一一二―〇〇一四
電話 〇三―三二〇三―四五一一

フォーマットデザイン 鈴木成一デザイン室
本文デザイン 八木麻祐子（Isshiki）
本文印刷 厚徳社
カバー印刷 山一印刷
製本 ナショナル製本

ISBN978-4-479-30868-3

http://www.daiwashobo.co.jp